Widerstand in Veränderungsprozessen reduzieren. Kommunikationsbasierte Lösungsansätze für Unternehmen im Wandel

Elisa Felder

GRIN

Bibliografische Information der Deutschen Nationalbibliothek:

Die Deutsche Nationalbibliothek verzeichnet diese Publikation in der Deutschen Nationalbibliografie; detaillierte bibliografische Daten sind im Internet über http://dnb.d-nb.de abrufbar.

ISBN: 9783346761163
Dieses Buch ist auch als E-Book erhältlich.

Nymphenburger Straße 86
80636 München

Druck und Bindung: Books on Demand GmbH, Norderstedt Germany
Gedruckt auf säurefreiem Papier aus verantwortungsvollen Quellen

Das Buch bei GRIN: https://www.grin.com/document/1297388

Elisa Felder

Projektbericht

Bachelor Personalmanagement – Bachelor of Arts (B.A)

Unternehmen im Wandel – Eine Ableitung und Untersuchung kommunikationsbasierter Lösungsansätze zur Reduzierung von Widerständen in Veränderungsprozessen

Vorname, Name: Elisa Felder

Inhaltsverzeichnis

Abbildungsverzeichnis

1 Einleitung

1.1 Einführung in die Thematik

Im Zuge der stetig voranschreitenden Digitalisierung, wachsenden Globalisierung und der Industrie 4.0 stehen Unternehmen vor vielen neuen Herausforderungen. Die Wirtschaft ist heutzutage immer schneller, komplexer und weniger vorhersehbar.[1] Kürzere Produktlebenszyklen, sinkende Absatzpreise sowie wachsende Konkurrenz führen zu der unausweichlichen Situation, flexibel und kurzfristig auf die Beschleunigung der wechselnden Marktanforderung zu reagieren.[2] Unternehmen und Organisationen ändern sich nicht nur aufgrund der aufgezeigten Themen. Sie ändern sich, weil sich auch die Mitarbeiter innerhalb der Organisation anpassen und ändern. Erfolgskriterien sind Flexibilität, Anpassungs- und Wandlungsfähigkeit sowie Schnelligkeit.[3] Die Veränderungsfähigkeit von Unternehmen wird daher zu einem entscheidenden Erfolgsfaktor, welche langfristig zur Existenzsicherung beiträgt. Diese Fähigkeit ruft die Notwendigkeit hervor, nicht nur einzelne Prozesse, sondern die gesamte Organisation eines Unternehmens im Laufe der Zeit weiterzuentwickeln.[4] Generell verlangt Change-Management eine neutrale Beurteilung der derzeitigen Situation, um die richtige Change-Strategie auswählen zu können und andererseits ein Verständnis für die Reaktionen der betroffenen Mitarbeiter, die durch unterschiedlichste Motive auftreten können. Den elementarsten Teil bei einem Veränderungsprozess übernimmt die richtige Kommunikation, die einerseits ermöglicht, dass alle wissen, worum es geht und andererseits, informiert wie der jeweilige Stand der Veränderung gerade ist. Und schließlich, und das ist vielleicht noch wichtiger, neigen Veränderungsprogramme dazu, die Komplexität des Wandels auf der menschlichen Ebene völlig zu unterschätzen.[5]

[1] Vgl. Armutat et al., 2018, S. 10
[2] Vgl. Gonschorrek, U., Hoffmeister, 2006, S. 208
[3] Vgl. Werner Seiferlein, 2022, S. 2-3
[4] Vgl. DGFP e.V. 2001, S. 29
[5] Vgl. Ansgar Zerfaß, Manfred Piwinger, Ulrike Röttger, 2022, S.944-947

Veränderungen sind beängstigend und werden mit hoher Skepsis betrachtet. Eine Kommunikationsstrategie, so gut sie auch sein mag, wird das als Bedrohung wahrgenommen. Deshalb müssen wir unsere Herangehensweise an den Wandel überdenken und eine ganzheitliche Kommunikationsstrategie etablieren, um Mitarbeiter für den Veränderungsprozess begeistern zu können.[6]

1.2 Aufbau und Zielsetzung der Arbeit

Gegenstand der Projektarbeit ist die Auseinandersetzung mit der Thematik "Umgang mit Widerstand während Veränderungsprozessen". Im ersten Teil der Projektarbeit werden die Grundlagen des Change-Managements beschrieben. Es wird charakterisiert welchen Stellenwert das Thema Change-Management in der heutigen Zeit hat, welche Faktoren bei Veränderungen eine Rolle spielen und was das Ziel dieser Arbeit ist, nämlich die Erarbeitung von sinnvollen kommunikationsbasierten Lösungsansätze, um Veränderungen zweckmäßig und nachhaltig umzusetzen. In der Literatur lassen sich vielfältige Themenblöcke finden, die unter Veränderungsmanagement subsumiert werden. Diese komplexe Ausgangssituation stellt den ausschlaggebenden Punkt dar, der die Entscheidung und Eingrenzung für den richtigen Ansatz nicht leicht macht. Es ist zu erarbeiten, was man unter Change-Management versteht und die Einflussnahme für den Veränderungsprozess abzuleiten. Verbunden mit der Absicht und Hoffnung, dass sich die Einflussnahme förderlich auf den Umgang mit Widerstand auswirken wird. Mit Hilfe einer passenden Strategie und Vision, werden Schlüsselfaktoren für die erfolgreiche Implementierung der Kommunikationsmaßnahmen definiert. Dieses Ziel muss entsprechend kommuniziert werden, damit die Beteiligten wissen welche Zukunft erwartet wird und was sie dazu beitragen sollen bzw. können. Die dargestellten Kommunikationsmöglichkeiten zur Reduzierung von Widerständen gilt es kritisch zu diskutieren und zu bewerten. Abschließend werden in einem Fazit die wichtigsten Erkenntnisse und Ergebnisse mit eigenen Schlussfolgerungen zusammengefasst. Die Fragestellung für die Arbeit ergibt sich konsequenterweise aus dem oben beschriebenen Gegenstand.

---

[6] Vgl. Ansgar Zerfaß, Manfred Piwinger, Ulrike Röttger, 2022, S.944-947

2 Eingrenzung der Begrifflichkeiten

2.1 Grundlagen Change-Management

Wie eingehend in der Einleitung beschrieben, leben wir in einer Welt, deren Veränderungsdynamik stetig zunimmt. Für die optimale Steuerung und Umsetzung, gibt es verschiedene Managementtechniken. Change-Management beschreibt im Allgemeinen einen übergreifenden Prozess zum professionellen Umgang mit Veränderungsprozessen im organisationalen Umfeld. Ziel ist es, die Veränderungsbereitschaft durch Einbeziehen aller Beteiligten, zu erhöhen.[7] Bereits 1960 wurde von David Gleicher dieser Ansatz erweitert, mit einer Formel die folgenden Beziehungen aufzeigt:

$$C=A \times B \times D > X$$

C = Change

A = level of dissatisfaction with the satus quo

B = clearly identified desired state

D= practical steps towards change

X = cost of change (e.g. energy, financially, emotionally)

Vorteil der mathematischen Formel ist, dass das Zusammenspiel der Elemente zum Ausdruck gebracht wird. Eine Veränderung ist möglich, wenn sich aus dem Maß der Unzufriedenheit mit dem Status Quo, dem gewünschten Zustand, sowie den praktischen Schritten dorthin, größer ist als die Kosten der Veränderung. So sind die Variablen „A“, „B“ und „D“ miteinander verbunden und lösen somit eine positive Kettenreaktion aus. Voraussetzung für einen erfolgreichen Change ist, dass die Notwendigkeit von Wandel allen bewusst ist. Setzt man Entwicklung mit dem Wandel gleich, so kann dieser nur ausgelöst und durchgeführt werden, wenn der Konflikt nicht gescheut wird und gleichzeitig die dafür notwendige Akzeptanz entgegengebracht wird. Nur so entsteht ein konstruktives und kooperatives Miteinander.[8]

---

[7] Vgl. Seiferlein Werner, 2022, S. 20-21

[8] Vgl. Veränderungsformel; Coachen mit der Veränderungsformel - Entwicklungsfreiraum

Eine weitere Möglichkeit Change-Management zu definieren, erfolgte von Vahs: Hierbei bezieht sich Vahs auf vier Handlungsfelder im Sinne eines optimalen Fits. Diese Bereiche sind so gut wie möglich untereinander abzustimmen. Die vier Bereiche benennt er als Strategie, Kultur, Technologie und Organisation.[9] Die folgende Abbildung zeigt dies im Überblick:

Anmerkung der Redaktion:
Diese Abbildung wurde aus urheberrechtlichen Gründen entfernt.

Abbildung 1: Change-Management nach Vahs. Quelle: https://www.lundershausen-consulting.de/management-beratung

2.2 Anlässe und Ziele für Veränderungen

Die Notwendigkeit zum Change-Management kann extern wie intern verursacht werden. Im Zuge der stetig voranschreitenden Digitalisierung, globalisierte Absatz- und Finanzmärkte, Verknappung der Ressourcen und der Industrie 4.0 stehen Unternehmen vor vielen neuen Herausforderungen. Die Wirtschaft ist heutzutage immer schneller, komplexer und weniger vorhersehbar. Diese Komplexität führt zu zunehmenden Fusionen, Umstrukturierungen sowie Restrukturierungen.[10] Je sprunghafter die Anforderungen des Marktes sind, desto rascher und flexibler müssen Organisationen agieren. Aufgrund der verschiedenen Anforderungen können unterschiedliche Veränderungsprozesse mit unterschiedlichen Verläufen ausgelöst werden. Dies demonstriert die Kurzlebigkeit von Strukturen und Aufbausystemen in Organisationen und Abteilungen.[11]

[9] Vgl. Vahs Dietmar, Weiand Achim, 3. Auflage, 2020, S. 11
[10] Vgl. Armutat et al., 2018, S. 10
[11] Vgl. Stolzenberg Kerstin, Heberle Krischan, 2021, S. 2

Die nachfolgende Abbildung von Porsche Consulting aus der Change-Management Studie 2020, zeigt die Treiber für den aktuellen Veränderungsdruck in Unternehmen dar.[12]

Anmerkung der Redaktion:
Diese Abbildung wurde aus urheberrechtlichen Gründen entfernt.

Abbildung 2: Aktuelle Trends als Auslöser für strategische Transformation. Quelle: https://www.porsche-consulting.com/de/medien/publikationen/detail/studie-change-management/

Nicht klarformulierte Ziele von Veränderungsprozesse sowie eine mangelnde Planung können schwerwiegende Folgen mit sich bringen. Das Ziel von Change-Management ist es daher, den Prozess zielgerichtet zu steuern und zu beschleunigen. Wichtig sind bei jeder Veränderung alle relevanten Stakeholder und Mitarbeiter einzubeziehen. Damit sind alle Anspruchsgruppen gemeint, die von diesem Veränderungsprozess direkt oder indirekt betroffen sind. Hilfreich ist hier im Rahmen einer Situationsanalyse einen IST-Zustand sowie einen SOLL-Zustand herauszuarbeiten. Die Betroffenen müssen für den Veränderungsprozess gewonnen und motiviert werden. Zentrale Fragen zum Thema Vision und Ziel sollten hier in den Fokus gesetzt werden. Diese könnten wie folgt formuliert werden: Wer will eine Veränderung? Wieso braucht es eine Veränderung? Welche Veränderung und welche Ziele sollen angestrebt werden?[13]

---

[12] Vgl. Studie: Change Management - Porsche Consulting (porsche-consulting.com)

[13] Vgl. Chies Sieglind, 2016, S. 19-21

2.3 Theoretische Ansätze

Für einen theoretischen Zugang zum Thema Change-Management wurden einige Modelle entwickelt mit dem Ziel, einen Rahmen für den Chance zu schaffen. Diese Modelle haben die Eigenschaft, die komplexe Realität vereinfacht darzustellen. Sie bilden nicht alle Attribute des betrachteten Gegenstandes ab, sondern konzentrieren sich auf ausgewählte Aspekte.[14]

Grundsätzlich wird zwischen den Ansatz auf der Mikroebene und zwischen den Ansatz der Makroebene unterschieden. Um hier eine Eingrenzung zu schaffen, wird im nächsten Abschnitt zwei Modelle genauer erläutert. Zu dem Modell auf der Mikroebene zählt das Modell von Lewin, welches im nachfolgenden beschrieben wird. Das Acht-Stufen-Prozess Modell von Kotter, befindet sich auf der Makroebene und wird im Anschluss erläutert.[15]

Anmerkung der Redaktion:
Diese Abbildung wurde aus urheberrechtlichen Gründen entfernt.

Abbildung: Die 7 wichtigsten Change Management Methoden. Quelle: https://begeisterungsland.de/change-management-methoden/

[14] 7 Change Management Methoden, die du kennen solltest (begeisterungsland.de)

[15] Klaus J. Zink Klaus J., Kötter Wolfgang, Longmuß Jörg, Thul J. Martin, S. 282

2.3.1 Drei-Phasen-Modell nach Lewin

Kurt Lewin entwickelte im Jahre 1947 eines der grundlegendsten Modelle, das sogenannte Drei-Phasen-Modell. Das Modell basiert auf akzelerierende Kräfte und retardierende Kräfte. Kräfte, die den Wandel antreiben oder entgegenwirken. Um Widerstände so gering wie möglich zu halten, ist es dabei ratsam, die Kraft nach dem Erhalt des Status quo zu verringern, anstatt die Kraft der notwendigen Veränderung zu verstärken. Lewin ergründete in seinem Stabilitätsparadigma die bewusste Steuerung von Individuen und Gruppen in einem Veränderungsprozess und leitete zentrale Grundsätze für eine erfolgreiche Gestaltung von organisatorischen Wandelprozessen ab. Ziel ist es ein nachhaltiges Gleichgewicht beider Kräfte zu schaffen.[16]

Anmerkung der Redaktion:
Diese Abbildung wurde aus urheberrechtlichen Gründen entfernt.

Abbildung 4: Drei-Phasen-Modell Lewin. Quelle: https://www.microtech.de/erp-wiki/change-management/

Wie in Abbildung 4 dargestellt, wird die erste Phase als Auftauen („unfreeze“) des gegenwärtigen Gleichgewichts bezeichnet. Es gilt, ein Bewusstsein für die anstehend Veränderung anzustoßen. Die zweite Phase ist die Veränderung („move“) als Bewegung hin zum neuen Gleichgewicht. Auf der Basis neuer Perspektiven und Informationen, werden neue Reaktions- und Verhaltensweisen in der Organisation entwickelt. Abschließend erfolgt mit der dritten Phase das Einfrieren des neuen Gleichgewichts („freeze“), durch den Fokus auf die Eingewöhnung der Mitarbeiter an die Veränderung. Ziel ist es eine Stabilisierung zu initiieren.[17]

---

[16] Vgl. Dahm H. Markus, Thode Stefan, 2020, S. 137
[17] Vgl. Das Change-Management - einfach erklärt - microtech GmbH

2.3.2 8 Stufen Modell von J.P. Kotter

Der Acht-Stufen-Prozess von J.P. Kotter stammt aus den 90er Jahren und zählt heute zu den Klassikern. In seinem acht Stufen Veränderungsplan beschreibt Kotter, die Beziehungen zwischen Organisation und deren Umwelt, vor dem Hintergrund eines durch VUCA geprägten, globalisierten Marktumfeldes.[18]

Anmerkung der Redaktion:
Diese Abbildung wurde aus urheberrechtlichen Gründen entfernt.

Abbildung 5: 8 Stufen Modell nach Kotter. Quelle: https://digitaleneuordnung.de/blog/kotter-modell/

In Abbildung 5 werden die notwendigen acht Stufen für einen erfolgreichen Wandel zusammengefasst: Gefühl der Dringlichkeit erzeugen, Führungskoalition
aufbauen, Vision und Strategie entwickeln, Visionen des Wandels kommunizieren, Hindernisse aus dem Weg räumen, kurzfristige Erfolge erzielen, Veränderungen einleiten und verankern. Zu beachten ist hierbei, dass die einzelnen Prozessschritte noch in drei Phasen aufgeteilt werden. Jeder Prozess verläuft nicht mit einem linearen Vorgehen und ist dynamisch. Die ersten vier Prozessschritte sollen beim Auftauen der aktuellen Situation im Unternehmen behilflich sein. Ab der fünften bis zur siebten Prozessabfolge geht es um das Einführen neuer Erkenntnisse während des Transformationsprozesses. Der letzte Schritt zeichnet das Verankern des Wandels. Zusammenfassend bietet Kotter mit seinem Acht-Stufen-Prozess eine Art Checkliste, die für den anstehenden Wandel hilfreich sein kann. Der wichtigste Grundstein legt hierbei die Führungskraft, das Gefühl der Dringlichkeit und eine ständige und transparente Kommunikation über alle Ebenen hinweg dar.[19]

[18] Vgl. Bernhard, 2017, S. 482
[19] Vgl. Von Hehn Svea, Cornelissen I. Nils, Braun Claudia, S. 16

2.3.3 Veränderung nach Unternehmensebene

Die Unternehmensveränderungen sind ein komplexes Phänomen, die entsprechend vielfältig sind. Meist betrifft ein Change-Prozess nicht nur eine Unternehmensebene. Diese Veränderungen laufen zur gleichen Zeit auf mehreren Ebenen ab, beeinflussen sie jedoch in unterschiedlichem Umfang. Hierbei unterscheidet man zwischen Aufbauorganisation, die unter anderem sich in den Strukturveränderungen bemerkbar machen können, der Ablauforganisation, wie in veränderten Rollen und Abläufen und dem sozialen Gefüge, in dem der zwischenmenschliche Aspekt im Vordergrund steht. Diese gliedern sich dann in weitere Perspektiven auf: Auslöser von Veränderung, Motiv von Veränderung, Intensität von Veränderung, Vorsätzlichkeit von Veränderung und der Ebene von Veränderung. Zu beachten ist ebenfalls der Unterschied zwischen formalen und informalen Organisationen. Die formale Organisation ist die offizielle Struktur und die in Form eines Organigramms vorliegt. Die informale Organisation ist jedoch keine beschlossen, sondern meist eine zusätzliche Organisation, welche nur schwer wahrzunehmen ist. Probleme können entstehen, wenn diese den Entscheidungspersonen eines Wandels nicht bekannt sind, da sie nicht alle Informationen haben, die eventuell für einen Change-Prozess notwendig sind.[20]

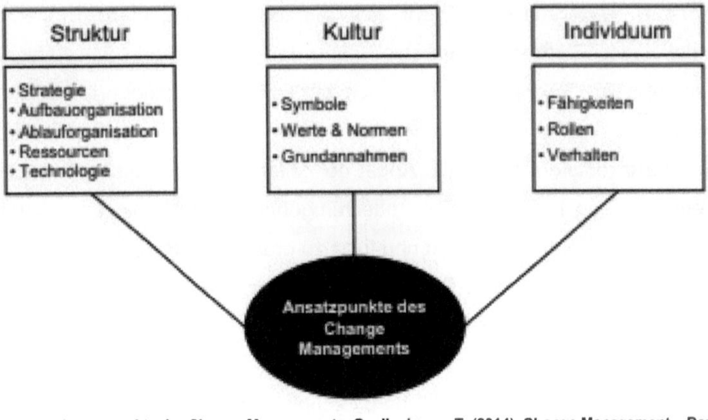

Abbildung 6: Ansatzpunkte des Change-Managements. Quelle: Lauer, T. (2014). Change Management – Der Weg zum Ziel. In: Change Management. Springer Gabler

[20] Vgl. Pescher Julia, 2010, S. 8-10

3 Widerstände in Veränderungsprozessen

Um Widerstande gegen Wandel verstehen zu können, muss man diese auch bewusst wahrnehmen. Um diese zu erkennen, ist es notwendig, ihre Arten unterscheiden zu können. Vom Widerstand kann immer dann gesprochen werden, wenn Entscheidungen oder Maßnahmen, auf einer defensiven Haltung stoßen. Dies kann von einzelnen Mitarbeitern, von Gruppen oder von ganzen Abteilungen erzeugt werden.[21] Im nächsten Abschnitt wird näher auf die Widerstandsarten sowie deren Ursache eingegangen.

3.1 Arten von Widerständen

Die negative Haltung gegenüber Veränderungen ist jedem Menschen von Natur aus gegeben, jedoch nur, wenn die Veränderungen im Unternehmen die Person selbst betreffen. Veränderungen können bei den Mitarbeitern auf Widerstände treffen, wenn die Veränderungen überraschend, unbequem, bedrohend oder beängstigend sind.[22] Hierbei lassen sich drei zentrale Arten von Widerständen identifizieren;

Rationaler Widerstand: bezieht sich auf logische Argumente gegen den Wandel. Diese Form von Widerstand kann das Unternehmen am einfachsten handhaben. Im Fokus steht die nachvollziehbare Begründung, warum die Veränderung für das Unternehmen eine so wichtige Rolle spielt. **Politischer Widerstand**: entsteht durch die Angst der Mitarbeiter, Einfluss und Macht zu verlieren – wenn Hierarchien ab- oder umgebaut werden. Dieser Widerstand geschieht meist im Verborgenen und führt zu irrationalen Handlungsweisen, die dem Unternehmen oftmals schaden. **Emotionaler Widerstand**: entwickelt sich aus mehr oder weniger konkreten Befürchtungen und Ängsten der Mitarbeiter vor dem Wandel. Dieser Widerstand ist nicht mit logischen Argumenten darstellbar. Subjektive und nicht rational erklärbare Gefühle stehen im Mittelpunkt.[23]

---

[21] Vgl. Cacaci Arnaldo, 2006, S. 85

[22] Vgl. Wiederstände im Changemanagement (veraenderungsmanager.com)

[23] Vgl. Eichenberg Timm, Bursy Roland Hrsg., 2017, S 243-244

3.2 Gründe und Ursachen für Widerstände

Im Allgemeinen werden die Ursachen für Widerstände in rationale und persönlich bzw. emotionale getrennt. Es steht sich in der Veränderung die Lern- und Existenzangst gegenüber. Die Aspekte, die sich häufig in der Praxis im Zusammenhang mit Wandel finden lassen, sind sehr vielfältig. Diese hängen nicht zuletzt mit dem eigenen Widerwillen gegen den Wandel zusammen. Durch bestimmte Umstände wird dieser Widerwille getriggert. Diese werden intern sowie extern beeinflusst.[24] Nährboden für Widerstand ist, die fehlende Transparenz während eines Change-Prozesses. Eines der Hauptgründe von Widerstand ist mangelnde, unvollständige sowie unglaubwürdige Kommunikation in strukturellen Veränderungsvorhaben. Verfügen die Beteiligten, den Wandelprozess betreffend, über zu wenige Informationen, werden sie sich wahrscheinlich ausgeschlossen und übergangen fühlen. Ziel ist es die Identifikation mit einem Veränderungsprozess und den daraus resultierenden Maßnahmen.[25] Ein weiteres Problem stellt mangelndes Vertrauen in die Führungsebene dar. Frühere negative Erfahrungen bei durchgeführten Veränderungen, können daher bei Mitarbeitern große Unsicherheit auslösen. Auch kann die Angst vor einem möglichen Status- oder Arbeitsplatzverlust Ursache für Widerstand sein. Mitarbeiter werden ihre aktuelle Position in Gefahr sehen und möglicherweise mit Ablehnung reagieren. Widerstand wird zudem durch die menschliche Trägheit begünstigt. Damit einher geht ein Leistungsabfall, weil die meiste Energie für die Verarbeitung der Neuigkeiten verwendet wird. In der Regel wird Mitarbeitern erst dann der Ernst der Lage bewusst. Bis zu diesem Zeitpunkt werden sich Mitarbeiter bei der Unterstützung von Veränderungen nur schwertun.[26] Jede ungewollte Veränderung wird erst einmal als **Schock** wahrgenommen. Wie groß dieser ausfällt, ist sehr individuell und hängt davon ab, wie betroffen jemand von der Veränderung ist. Der Mensch ist und bleibt ein Gewohnheitstier. Ist der erste Schock überwunden, rutschen die Betroffenen in eine Phase des Widerstandes. Sie wollen die Veränderung nicht wahrhaben.[27]

---

[24] Vgl. Lauer Thomas, 2021, S. 24
[25] Vgl. Lauer Thomas, 2014, S. 55
[26] Vgl. Meiler Mira Maria, 2020, S. 14-16
[27] Vgl: Die sieben Phasen der individuellen Veränderung - CHANGE LEADERSHIP (change-leadership.org)

Anmerkung der Redaktion:
Diese Abbildung wurde aus urheberrechtlichen Gründen entfernt.

Abbildung 7: 5 Phasen der Veränderungskurve. Quelle: https://pioneerscandy.de/veraenderungen-im-team-gestalten/

Damit verbunden ist immer auch ein Stück Verdrängung und **Verneinung**. Einige gehen in dieser Phase aktiv auf die Barrikaden. Andere versteifen sich auf Dienst nach Vorschrift und wollen so zeigen, dass doch alles super funktioniert. So kann es sogar passieren, dass die Organisation in dieser frühen Phase der Change Kurve einen deutlichen Anstieg der Produktivität erlebt. Ab einen gewissen Punkt merken die Mitarbeiter, dass die Veränderung nicht mehr abzuwenden ist und ihr Widerstand nicht den gewünschten Erfolg bringt. Eine rationale **Einsicht** setzt ein. Auf emotionaler Ebene ist die Entscheidung jedoch noch nicht akzeptiert worden. Es folgt das „Tal der Tränen" und kennzeichnet den Wendepunkt im Veränderungsprozess. Die Betroffenen merken, dass kein Weg daran vorbeiführt, **Akzeptanz** stellt sich ein. Nachdem die Phase der emotionalen Akzeptanz überstanden ist, stellt sich Offenheit für Neues ein. Die Einstellung der Mitarbeiter verändert sich zum Positiven. Es wird **Ausprobiert** und sich an die neue Situation herangetastet. In dieser Phase setzt auf Basis des ersten Ausprobierens die **Erkenntnis** ein, dass der Wandel gut ist. Eine positive Grundeinstellung führt dazu, dass mehr Selbstsicherheit im Umgang mit dem Neuen erlangt wird. Bisherige Widerstände sind in dieser Phase abgebaut und Angst vor der Veränderung spielt keine Rolle mehr. Die Veränderung wird vollumfänglich akzeptiert und es erfolgt eine **Integration** bzw. Normalität.[28]

---

[28] Vgl. Die sieben Phasen der individuellen Veränderung - CHANGE LEADERSHIP (change-leadership.org)

3.4 Widerstandsmuster

Eine große Relevanz weicher Faktoren entsteht aus der subjektiven Risikobewertung Einzelner. Sie lassen sich in zwei Kategorien einordnen:

- persönliches Risiko: Jobverlust, Statuseinbuße, weniger Einkommen
- sachliches Risiko: keine Effizienzsteigerung, keine Verbesserung

Die Akzeptanzmatrix verdeutlicht, welche Gruppierungen erfahrungsgemäß aufgrund mangelnder Transparenz, das geplante Vorhaben negativ wie auch positiv beeinflussen können.[29]

Diese vier Risikogruppen unterscheiden sich wie folgt; Der **Promotor** auch Befürworter unter den Betroffenen, welche die persönlichen oder sachlichen Risiken als gering einschätzen, stellen in der Regel den geringsten Anteil im Change dar. Bis zu 40 % können die sogenannten **Skeptiker** im Change vertreten sein. Sie schätzen die sachlichen Risiken eher hoch ein und wenden sich mit Argumenten gegen den Change. Sie müssen von der Notwendigkeit der Veränderung überzeugt werden. Die **Widerständler** auch Gegner genannt, schätzen sowohl ihre persönlichen als auch die sachlichen Risiken als besonders hoch ein. Sie sind kaum vom Change zu überzeugen, was sie dazu veranlasst, ihren aktuellen Status aggressiv zu verteidigen. Beinflussbar sind diese nur durch kommunizierte Erfolge. **Bremser** sind ähnlich stark vertreten wie die Skeptiker, schätzen die persönlichen Risiken als besonders hoch ein. Bremsern müssen die persönlichen Vorteile des Changes verdeutlicht werden, um sie zur aktiven Mitarbeit zu bewegen. Hierbei nehmen diese vier Gruppen in Abhängigkeit von ihren individuellen Einschätzungen bezüglich ihrer persönlichen und sachlichen Risiken unterschiedliche Bewertungen vor. Schlussendlich kommt es daher auf die Kombination verschiedener Faktoren des Verhaltens an, wenn diese Phänomene erklärt werden sollen. Ein konstruktiver Umgang mit Widerständen ist daher zu finden, um die Ursachen des Widerstands zu verstehen.[30]

---

[29] Vgl. Mörbe Steffen, Volejnik Ulrike, Schoop Simon, 2011, S. 110
[30] Vgl. Mörbe Steffen, Volejnik Ulrike, Schoop Simon, 2011, S. 110

4 Kommunikation und Change-Management

„Kommunikation" stammt aus dem Lateinischen „communicare" und bedeutet u.a. „Mitteilung, Unterredung "[31]. Jedoch sind es nur zwei Bedeutungen des Begriffs Kommunikation. Menschen stehen in Verbindung durch die Übermittlung von Informationen. Dabei sendet und empfängt jeder Mensch täglich die verschiedensten Botschaften und es kommt zu einem wechselseitigen Prozess. Durch die Kommunikation wird ermöglicht, dass Sachinformationen weitergeleitet werden können. Gefühle, Wünsche und Bedürfnisse können zum Ausdruck gebracht werden und somit einen Einfluss auf das Verhalten der Menschen nehmen.[32]

Das Übermitteln von Nachrichten und Informationen erfolgt in zwei Kommunikationsformen, die verbale und die nonverbale Kommunikation. Dabei unterstützt die nonverbale Kommunikation durch Gesten und Mimik das, was gesagt wird. Einerseits betonen und untermalen Gestik und Mimik das gesprochene Wort, andererseits können Widersprüche zwischen verbaler und nonverbaler Kommunikation entstehen. Die nonverbale Kommunikation hilft im Allgemeinen dabei, die verbale Kommunikation besser zu verstehen: wie das Gesagte gemeint ist, welche Beziehung der Sender zu seinem Empfänger hat und in welchem emotionalen Zustand sich der Sender befindet. Im Rahmen des Change-Managements ist besonders die soziale Kommunikation sehr bedeutend. Sie basiert auf dem zwischenmenschlichen Austausch von Bedürfnissen, Erwartungen und Wünschen und verfolgt das Ziel, Gemeinsamkeiten zu schaffen, Erfahrungen zu teilen und Menschen zu integrieren.[33] Im nächsten Kapitel wird auf das Kommunikationsmodell von Shannon und Weaver und das Kommunikationsmodell nach Schulz von Thun eingegangen.

---

[31] Vgl. Merten Klaus, Wienand Edith, Westerbarkey Joachim, Scholl Armin, 2005, S. 14

[32] Vgl. Röhner Jessica, Schütz Astrid, 2016, S. 1-2

[33] Vgl. Nimmerfroh Maria-Christina, Reinhard Christina, 2014, S. 14-15

4.1 Kommunikationsmodell nach Shannon und Weaver

Beim Kommunikationsmodell von Shannon und Weaver wird das Grundmodell der Kommunikation, bei dem der Sender eine Botschaft über ein Medium an den Empfänger schickt, um einen technischen Kanal erweitert. Dies ist für die Beschreibung von digitaler Kommunikation essenziell. Dieses Modell berücksichtigt nicht die Bedeutung einer Botschaft, sondern fokussiert auf das Senden und Empfangen einer Nachricht und die Kontrolle von Störquellen. Beim Sender-Empfänger-Modell ging es Shannon und Weaver ursprünglich um die Kommunikation am Telefon. Rasch erkannte die Kommunikationswissenschaft dieses Modell auch für sich.[34] Eine schematische Darstellung des Sender-Empfänger Modells zeigt die folgende Abbildung.

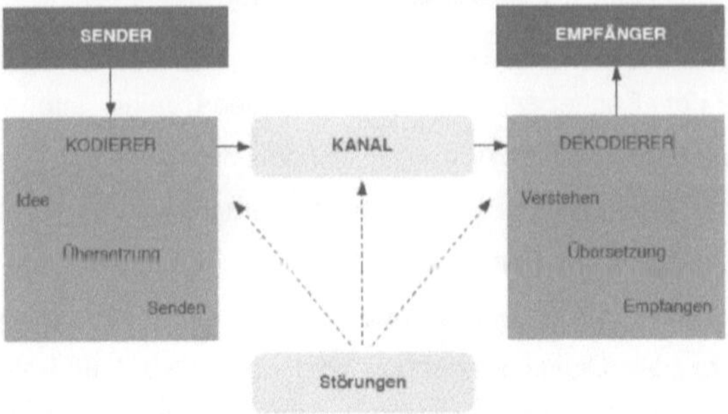

Abbildung 9: Sender-Empfänger-Model. Quelle: Abbildung 5: Sender-Empfänger-Modell von Shannon und Weaver (1949) | Download Scientific Diagram (researchgate.net)

Die Nachrichtenquelle produziert eine Nachricht, die übermittelt werden soll. Die von der Quelle generierte Nachricht wird dann vom Sender kodiert. Die so kodierte Nachricht wird über einen Kanal an den Empfänger versendet, der sie wieder decodiert und weiterleitet. Im optimalen Fall passiert dies verlustlos. In der täglichen Umsetzung allerdings, gibt es häufig Störquellen, die das übermittelte Signal verfälschen kann. Für eine erfolgreiche Übermittlung einer Nachricht, sollte die beidseitige Aufmerksamkeit gegeben sein. Auch sollte der Transport der Kodierungen entsprechen störungsfrei ablaufen. Sollte eine unerwartete oder gar eine ausbleibende Reaktion entstehen, kann dies ein Fehler bei der Kodierung und Dekodierung sein. Die empfangende Person kann dadurch mehrdeutige Aussagen interpretieren. Dadurch bleibt die erhoffte Reaktion aus.[35]

[34] Vgl. Bühler Peter, Schlaich Patrick, Sinner Dominik 2017, S. 4

[35] Vgl. Vgl. Röhner Jessica, Schütz Astrid, 2020, S. 29-31

4.2 Kommunikationsmodell nach Schulz von Thun

Der Psychologe und Kommunikationswissenschaftler Friedemann Schulz von Thun entwickelte das Kommunikationsquadrat auch Vier-Ohren-Modell genannt. Generell geht er davon aus, dass jede Nachricht vier Botschaften enthält. Schulz von Thun beschreibt damit die Anatomie einer Nachricht.[36]

Anmerkung der Redaktion:
Diese Abbildung wurde aus urheberrechtlichen Gründen entfernt.

Abbildung 9: 4 Ohren Modell der Kommunikation. Quelle: https://www.nachhilfe-team.net/lernen-leicht-gemacht/4-ohren-modell/

Sachinhalt: Auf der Sachebene werden vorwiegend reine Informationen transportiert, also Daten und Fakten. Als Sender der Nachricht sollte die Information klar und verständlich zum Ausdruck gebracht werden. Somit kann der Empfänger auf der gleichen Ebene reagieren und die Information bewerten.[37]
Beziehungshinweise: Hier zeigt der Sender wie er zum Empfänger steht und was er von diesem hält. Dieser Beziehung wird über die Art und Weise zu sprechen und die konkrete Formulierung kommuniziert, aber auch über Mimik und Gestik. Wenn ein Empfänger eine Nachricht auf dem Beziehungsohr hört, kann er sich z.B. wertgeschätzt, geachtet oder missachtet fühlen.[38]
Selbstkundgabe: Jeder der kommuniziert, gibt auch etwas über sich preis. Dies wird auch als Selbstkundgabe bezeichnet. Demzufolge enthält jede Äußerung einen Teil, der auf die Gefühle, Werte sowie Bedürfnisse des Senders verweist. Diese Selbstoffenbarung kann explizit via Ich-Botschaft kommuniziert werden.[39]
Appel: Der Sender möchte bei seinem Gegenüber meistens etwas erreichen. Oft werden Appelle auch verdeckt vermittelt. Geschieht dies, versucht der Sender den Empfänger zu manipulieren. Hier treten die drei anderen Seiten in Kraft, um den Effekt der verdeckten Einflussnahme noch zu verstärken.[40]

[36] Vgl. Schulz von Thun, Friedemann, 2011, 49. Auflage, S. 27ff
[37] Vgl. Ulf Lubienetzki Ulf, Schüler-Lubienetzk Heidrun, 2020, S. 29-31
[38] Vgl. Kaune Axel, Wagner Ariane-Sissy, 2016, S. 91
[39] Vgl. Hebertshuber, 2021, S. 24
[40] Vgl. Brugger Florian, 2010, S. 127

4.3 Aufgaben der Change-Kommunikation

Kernaufgabe der Change-Kommunikation ist der gezielte Informationsaustausch. Das richtige Verstehen der gegebenen Informationen erleichtert die Auseinandersetzung mit der geplanten Veränderung. Zudem kann es hilfreich sein, immer wieder Schlüsselbegriffe der Vision zu verwenden. Um sicher zu gehen, sollten jedoch möglichst mehrere Kommunikationskanäle genutzt werden. Es geht darum, Mitarbeiter im Change-Prozess mitzunehmen.[41]

Ein Unternehmen muss sich die Frage nach der Zielgruppe und den passenden Medien stellen. Je nach Unternehmen kann es entweder die Mitarbeiterzeitschrift, der Newsletter oder die digitale Kommunikationsplattform sein, mit der die Zielgruppe am ehesten erreicht wird. Der gezielte **Informationsaustausch** soll zeitnah und über den gesamten Change-Prozess erfolgen.[42]

Die **zweite** Kernaufgabe der Change-Kommunikation liegt darin, alle Betroffenen und Beteiligten in die Kommunikation zu **Involvieren.** So ist es wichtig, bei Veränderungen aller Beteiligte einzubeziehen und nachhaltig zu motivieren. Die Managementebene ist in diesem Bereich sehr gefordert und sollte jede Meinung erst nehmen sowie eine Dialogfähigkeit aufbauen und weiterentwickeln. Hier ist ein gewisses Fingerspitzengefühl gefragt, um Stimmungen innerhalb des Change-Prozesses wahrnehmen zu können und auf diese zu reagieren.[43]

Als **dritte** und wesentliche Kernaufgabe nimmt die **Beratung** von Führungspersonen eine wichtige Schlüsselrolle ein. Empfehlenswert ist es, dass dies durch „Change-KommunikatorInnen" erfolgen, da Führungspositionen oftmals einen wichtigen Faktor zum gelungenen Change nichtkorrekt einschätzen oder gar vorbelastet sind. Es wird von ihnen erwartet die Gesamtsicht einzunehmen und im richtigen Zeitpunkt, die passenden Worte an alle Beteiligten zu transportieren.[44]

---

[41] Vgl. Deutinger Gerhild, 2017, S. 9-11
[42] Vgl. Breyer-Mayländer Thomas, Horneber Christian, 2022, S. 170-171
[43] Vgl. Einwiller Sabine, Sackmann Sonja, Zerfaß Ansgar, 2021, S. 479-480
[44] Vgl. Deutinger Gerhild, 2017, S. 9-11

4.4 Kommunikationsmaßnahmen im Veränderungsprozess

Pfannenberg orientiert sich mit seinen Zielen der Change-Kommunikation direkt am Modell von Kotter und formuliert zu jeder Phase unterschiedliche Ziele und Aufgaben der Change-Kommunikation. Die Phasen des Veränderungsprozesses werden mit strategischen Ansatzpunkten und Anforderungen an die Kommunikation begleitet. Diese Schritte verdeutlichen, wie unterschiedlich die Ziele der Change-Kommunikation in Abhängigkeit zum Zeitpunkt oder Phase sein können.[45]

Phase 1: Um ein Gefühl der Dringlichkeit bei den Mitarbeitern zu erzeugen, verstärkt die Kommunikation die Darstellung von Chancen und Risiken. Das Gefühl der Dringlichkeit muss sowohl bei den internen als auch bei den externen Stakeholdern erzeugt werden. Ehrliche Beiträge zu Services und Leistungen werden vermittelt. Vorrangig ist die Informationsgewinnung im Unternehmen von relevanten externen und internen Meinungsmärkten. Dadurch erhält das Management verstärkt Informationen über Kundenzufriedenheit und Umsätze.[46]

Phase 2: Hier unterstützt die Kommunikation das Management beim Aufbau der Führungskoalition, denn diese muss die Veränderung vorantreiben und potenzielle Verbündete oder Blockierer identifizieren. Durch motivierende Aktivitäten, offene Diskussionen oder Klausurtagungen, sollen die Schlüsselpersonen sowie informelle Meinungsbildner sensibilisiert und auf den Wandel eingestimmt werden. [47]

Phase 3: Die Vision entsteht durch die Idee von einer Person und wird dann von der Führungskoalition zur Strategie weiterentwickelt. Die Aufgabe der Kommunikation ist, interne als auch externe Stakeholder aktiv in den Entwicklungsprozess einzubinden. Eine kommunikationsfähige und aussagekräftige neue Vision entsteht. Ziel ist es, die ersten wichtigsten Eckdaten schriftlich zu fixieren und diese zu kommunizieren.[48]

---

[45] Vgl. Ansgar Zerfaß, Manfred Piwinger, 2014, S. 1224-1227

[46] Vgl. Kaune Axel, Wagner Ariane-Sissy, 2016, S. 14

[47] Vgl. Ansgar Zerfaß, Manfred Piwinger, 2014, S. 1224-1227

[48] Vgl. Wilfried Krüger Wilfried, Bach Norbert, 2014, S. 43

Phase 4: In dieser Phase müssen alle relevanten Zielgruppen über die Vision des Wandels und die damit verbundene Veränderungsstrategie in Kenntnis gesetzt werden. Hierbei unterstützt ein breit angelegtes Kommunikationskonzept. Um eine Auseinandersetzung mit den Zielen und der Vision zu ermöglichen, können diverse Foren ins Leben gerufen werden. Laufendes Monitoring runden diese Phase ab.[49]

Phase 5: In jedem Change gibt es stets einen gewissen Anteil an Befürwortern und Blockierern. Es gilt potenzielle Gewinner des Changes zu mobilisieren und Blocker in ihrem Einfluss so weit wie möglich einzuschränken. Aufgabe der Kommunikation ist es, Belohnungen sowie Sanktionen öffentlich zu begründen und zu kommunizieren.[50]

Phase 6: In Change-Projekten steigt die Emotionskurve der Beteiligten stetig. In dieser Phase kommt es darauf an alle Beteiligten kontinuierlich durch kurzfristige Erfolge zu motivieren und kurzfristige Ziele symbolisch zu feiern. Sind erste Erfolge messbar, müssen diese offensiv dargestellt und als Indiz für positive Veränderungen kommuniziert werden.[51]

Phase 7: Stellt sich der Verlauf des Changes als stabil dar, sollte die Glaubwürdigkeit der Veränderung genutzt werden, um weitere für diesen Prozess nicht relevanten, aber notwendigen Veränderungen mit einzubeziehen. Neben Erfolgsmeldungen, müssen jetzt auch wieder aktiv Problemfelder kommuniziert werden, damit die Diskussion nicht abflaut.[52]

Phase 8: In der abschließenden Phase gilt es, die gewonnene Veränderungsbereitschaft aller in der Unternehmenskultur zu verankern, um künftige Veränderungsprozesse als Wettbewerbsvorteil nutzen zu können. Der Wille sich ständig weiterzuentwickeln und dafür Veränderungen zu akzeptieren, soll mit der neuen Unternehmenskultur auch nach außen kommuniziert werden.[53]

---

[49] Vgl. Ansgar Zerfaß, Manfred Piwinger, 2014, S. 1224-1227
[50] Vgl. Ansgar Zerfaß, Manfred Piwinger, 2014, S. 1224-1227
[51] Vgl. Ansgar Zerfaß, Manfred Piwinger, 2014, S. 1224-1227
[52] Vgl. Ansgar Zerfaß, Manfred Piwinger, 2014, S. 1224-1227
[53] Vgl. Ansgar Zerfaß, Manfred Piwinger, 2014, S. 1224-1227

5 Empirische Untersuchung

In dem folgenden Kapitel wird mit der theoretischen Grundlage, welche in den vorigen Abschnitten erarbeitet wurde, in Zusammenarbeit mit einer Kanzlei, Maßnahmen erstellt, welche den Change-Prozess mit Hilfe von interner Kommunikation erleichtern soll. Nachdem die Kanzlei anonym bleiben will, wird diese hier in Folge Kanzlei X genannt. Um den IST-Zustand in der Kanzlei X festzustellen, wurde eine anonyme Umfrage durchgeführt. Die Fragen zielen dabei auf mögliche Inhalte einer Richtlinie ab. Mit Hilfe der Umfrage sollte ebenfalls die Stimmung eingefangen werden, die das Personal zum Thema Wandel und interne Kommunikation hat. Im nächsten Abschnitt folgt eine Analyse der einzelnen Fragen.

5.1 Daten und Fakten

Der Fragebogen setzt sich aus insgesamt 8 Fragen zusammen, dabei haben 41 Personen an der Umfrage teilgenommen. Derzeit sind in der Kanzlei 49 Personen beschäftigt. Die Mitarbeiter kommen aus verschiedensten Abteilungen, von Wirtschaftsprüfung, zu Steuerberatung, zu Corporate Finance und vielen anderen. Die höchst abgeschlossene Ausbildung der TeilnehmerInnen reicht von einer Ausbildung bis zu einem akademischen Abschluss. Hierbei gibt es Mitarbeiter, die seit 20 Jahren in der Kanzlei arbeiten, aber auch welche, die erst seit 2021 zum Personal gehören. Die Mitarbeiter sind zwischen 25 und 59 Jahre alt, wobei der Mittelwert bei ca. 39 Jahren liegt. Im Juli 2021 fusioniert die Kanzlei mit einer mittelständischen Kanzlei aus Baden-Württemberg. Durch den Zusammenschluss der Unternehmensgruppe wächst das Team auf rund 400 Mitarbeiter. Strategisches Ziel des Zusammenschlusses ist, die Beratungskompetenz weiter auszubauen. Hierbei sollen die Kanzleien in vielen zentralen, nicht fachlichen Bereichen verschmolzen werden und die Standorte so autark wie möglich bleiben. Als Kommunikationstools stehen der Kanzlei derzeit das Intranet, wöchentliche Info-Treffs, E-Mail-Newsletter der Vorstände und diverse Aushänge zur Verfügung.

5.2 Fragen zum Thema "Innerbetriebliche Kommunikation“

Es galt herauszufinden, wie Mitarbeiter von den aktuellen Veränderungen erfahren und ob sie durch die aktuellen Kommunikationstools und wöchentlichen Meetings ausreichend informiert werden. Wie sie mit den Entscheidungen zurechtkommen und ob die Informationen durch E-Mail, das Intranet, Meetings oder Aushänge transparent und ausreichend sind. Die Antwortmöglichkeiten waren hierbei jeweils: – " Ja“ – " teils-teils“ – " Nein“. Abschließend wurde eine offene Frage formuliert, wie für sie die optimale Kommunikation im Rahmen des Zusammenschlusses aussieht.

In der ersten Frage wurde aufgenommen, welche Abteilungen an der Umfrage teilgenommen haben. Die prozentuale Aufteilung zeigt, dass es hier eine gleichmäßige Verteilung gibt. Wobei stark ein Trend vom Bereich „Verwaltung“ zu verzeichnen ist. Geschuldet auch daran, dass „nicht fachliche“ Bereiche von der Fusion am stärksten betroffen ist. Wie kurz in der Einleitung beschrieben, ist ein strategisches Ziel der Fusion, die „nicht fachlichen“ Bereiche zu zentralisieren.

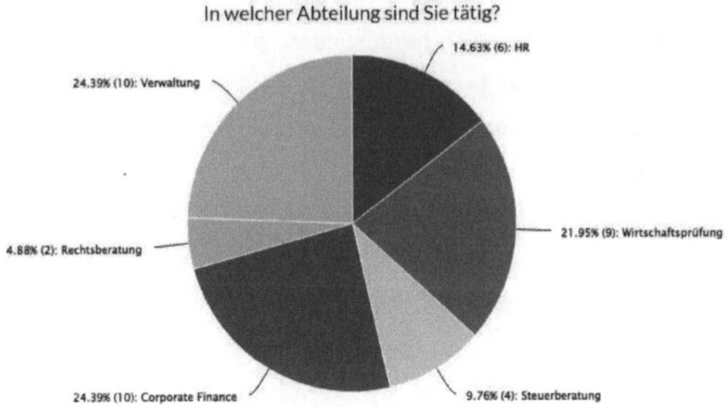

HR	14,63%	6
Wirtschaftsprüfung	21,95%	9
Steuerberatung	9,76%	4
Corporate Finance	24,39%	10
Rechtsberatung	4,88%	2
Verwaltung	24,39%	10

Abbildung 10: Empirische Untersuchung Frage 1, Quelle: Interne Umfrage Kanzlei X

In Bezug auf die Schnelligkeit der Information sieht die Verteilung der Antworten recht ähnlich aus, wie aus der Abbildung 11 entnommen werden kann. Eine zusätzliche Auswertung, welche Abteilung hinter jeder einzelnen Abstimmung steht, gibt es nicht. Fokus der Auswertung war, einen Gesamtüberblick zu erhalten.

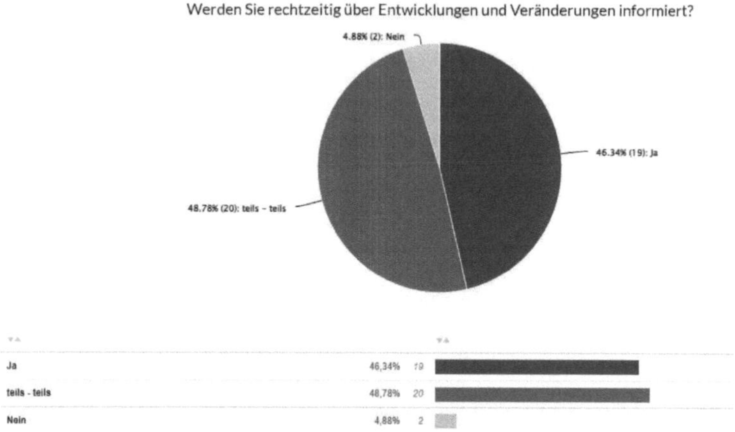

Abbildung 11: Empirische Untersuchung Frage 2, Quelle: Interne Umfrage Kanzlei X

Die Frage *„Erhalten Sie genügend Informationen Ihrer zukünftigen Organisation und Ansprechpartnern"* sollte herausfinden, ob die Informationen ausreichend sind und diese auch von ihrer Abteilung sowie von ihren Ansprechpartnern bzw. Führungskräften vermittelt wird. Die Auswertung zu dieser Frage ist in Abbildung12 dargestellt.

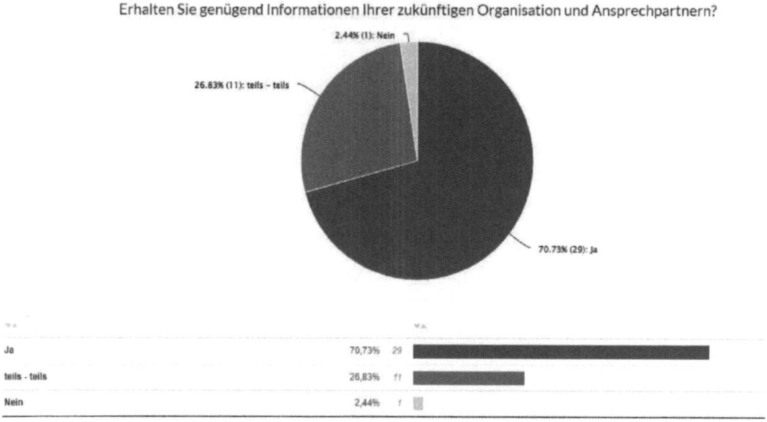

Abbildung 12: Empirische Untersuchung Frage 3, Quelle: Interne Umfrage Kanzlei X

Interessant ist ebenfalls hervorzuheben, dass die Teilnehmerinnen bei der Frage *„Werden in Ihrem Team regelmäßige Team-Meetings durchgeführt zum Austausch der aktuellen Situation“* vermehrt mit „ja“ beantwortet haben. Auch sieht man einen positiven Trend, das die wöchentlichen Infos Treffs, die von der Geschäftsführung und den Partnern aus beiden Kanzleien aufgesetzt sind, von den Mitarbeitern angenommen werden.

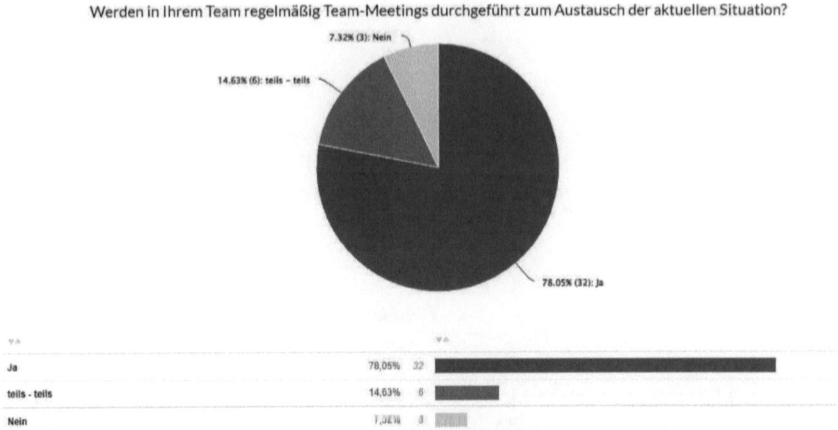

Abbildung 13: Empirische Untersuchung Frage 4, Quelle: Interne Umfrage Kanzlei X

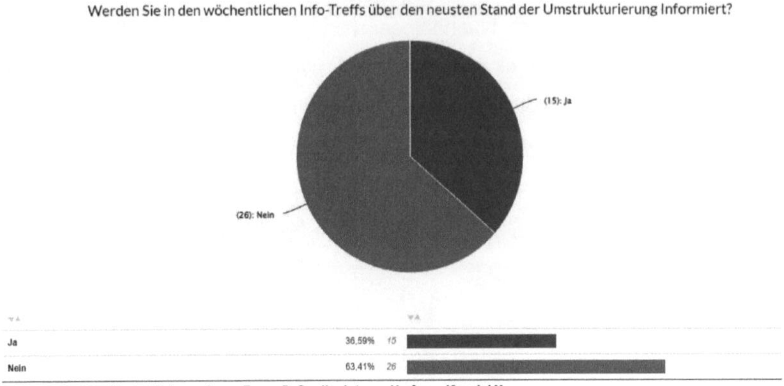

Abbildung 14: Empirische Untersuchung Frage 5, Quelle: Interne Umfrage Kanzlei X

Nach dem ersten Frageabschnitt kann zusammengefasst werden, dass die Mitarbeiter durch regelmäßige Team-Meetings informativ gut abgeholt werden. Wiederum jedoch die wöchentlichen Info-Treffs keine Wirkung aufzeigen. Hier ist stark zu hinterfragen, ob die Team-Meetings und die wöchentlichen Info-Treffs entweder zusammengelegt werden können oder inhaltlich eine Abgrenzung erfolgen sollte.

Die nächste Frage in Abbildung 15 soll klären, ob die aktuellen Kommunikationstools ausreichend sind. Zur Auswahl der internen Kommunikationstools der Kanzlei steht das Intranet, diverse Aushänge und E-Mails zur Verfügung. Auch hier besteht Nachholbedarf und es sollte überdacht werden, ob die aktuellen Kommunikationsmedien ausreichend sind.

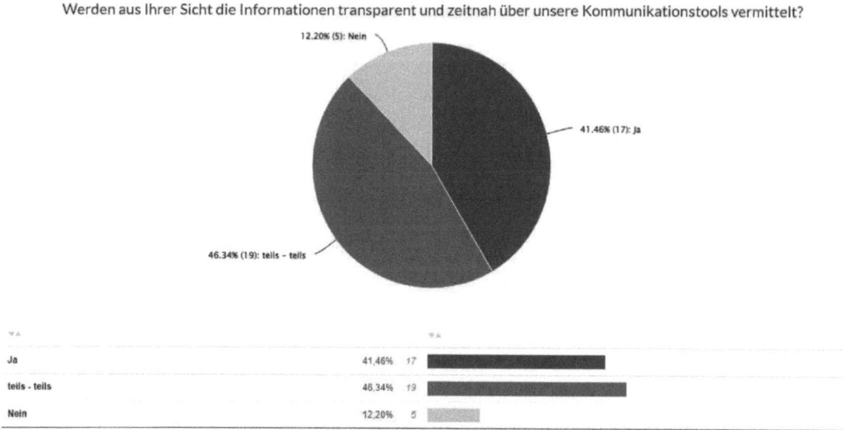

Abbildung 15: Empirische Untersuchung Frage 6, Quelle: Interne Umfrage Kanzlei X

Spannend hingegen ist, dass bei der Frage, ob die Entscheidung nachvollziehbar sei, ein starker Trend zu „teils-teils" zu verzeichnen ist. An diesem Punkt scheint es in der Kanzlei X noch Nachholbedarf zu geben, da über die Hälfte der Mitarbeiter anscheinend nicht genau weiß, warum gewisse Veränderungen stattfinden und Entscheidungen getroffen wurden.

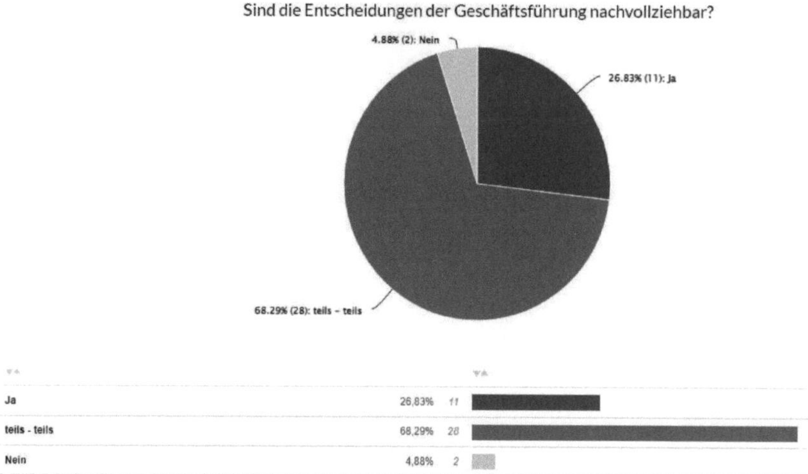

Abbildung 16: Empirische Untersuchung Frage 7, Quelle: Interne Umfrage Kanzlei X

In der Umfrage gab es die Möglichkeit eine Frage als freien Text anzubringen. Dabei gab es von 22 Mitarbeiter Input. Zu erwähnen ist, dass die hohe Beteiligung ein weiterer Hinweis darauf sein könnte, dass die interne Stimmung in der Kanzlei X Großteils positiv ist, da niemand die Chance nutzte seinen Unmut auszudrücken, sondern konstruktive Kritik zu äußern.

Wie würde für Sie eine optimale interne Kommunikation im Rahmen der Umstrukturierung aussehen?

Antworten 100,00% 22

Textantworten Upgrade Wortwolke Verteilung

offen, ehrlich, vollumfänglich, rechtzeitig, über verschiedene angemessene Kanäle.
| Alle Antworten des Teilnehmers

Ich denke, die ideale Lösung sind regelmäßige Treffen, bei denen alle wichtigen Themen immer angesprochen werden. Gleichzeitig würde ich mir regelmäßige E-Mails (z. B. alle zwei Wochen) mit allen "Neuigkeiten" wünschen.
| Alle Antworten des Teilnehmers

Transparent, ehrlich und nachvollziehbar
| Alle Antworten des Teilnehmers

Früh genug, konkret formuliert ohne ewige Meetings und blablabla
| Alle Antworten des Teilnehmers

Offenheit, Transparent, Wöchentlich
| Alle Antworten des Teilnehmers

Wöchentliche regelmäßige kleine Meetings um die wichtigsten Dinge zu besprechen ,.
| Alle Antworten des Teilnehmers

Offene, einfache und ehrliche worte
| Alle Antworten des Teilnehmers

Sie soll transparent für alle sein. Würde gut es geht immer allen mitteilen. Mit offenen Karten spielen.
| Alle Antworten des Teilnehmers

Regelmäßige Gespräche mit allen Kollegen und den Chefs.
| Alle Antworten des Teilnehmers

Zusammen setzen und reden
| Alle Antworten des Teilnehmers

Mehr Infos übers intranet, Betriebsversammlung
| Alle Antworten des Teilnehmers

Zu erfüllenden festen Punktplan mit terminiertem Informationsmeeting.
| Alle Antworten des Teilnehmers

- Kommunikation sowohl über positive als auch negative Ereignisse - Veränderungen, die die gesamte Abteilung betreffen, frühzeitig kommunizieren, auch wenn ggf. noch keine Lösungen / Strategien feststehen - Wertschätzender und respektvoller Austausch
| Alle Antworten des Teilnehmers

Wichtig ist: die interne Kommunikation muss nicht immer verbaler Natur sein. Statt dauerhaft auf klassische Gespräche zu setzen, sind der Kreativität auch non-verbal keine Grenzen gesetzt. Wenn sich beispielsweise jeder im Team mit positiver Haltung und gegenseitiger Wertschätzung begegnet, kann das bereits für ein viel angenehmeres Klima sorgen. Beispiele dafür, wie die Mitarbeiterkommunikation abseits des bekannten Meetings aussehen kann, gibt es zahlreiche. Wie wäre es zum Beispiel mit einem internen Blog, den alle Team-Mitglieder gemeinsam mit Content füllen können? Was fördert den Zusammenhalt stärker als gemeinsame Team-Building-Events wie beliebte Escape Games oder ein Weihnachtsmarktbesuch? Oder versucht man es vielleicht mal mit einem gemeinsamen Podcast? Wie auch immer die interne Kommunikation letztendlich umgesetzt wird – Hauptsache, sie schafft ein starkes „Wir-Gefühl" mit einem offenen, transparenten Miteinander.
| Alle Antworten des Teilnehmers

Offen, transparent
| Alle Antworten des Teilnehmers

Mehr Infoveranstaltungen, Meetings und mehr Kommunikation übers Intranet
| Alle Antworten des Teilnehmers

Offen mit allen gleich viel kumunizeiren. Alle Mitarbeiter gleich behalten so das alle mitarbeiter auf dem gleichen Wissensstand sind und ein prima Ergebnisse raus kommt
| Alle Antworten des Teilnehmers

Information über ein Intranet
| Alle Antworten des Teilnehmers

Vermehrte Gemeinsame Teammeetings mit offener Kommunikation und auch Diskussion.
| Alle Antworten des Teilnehmers

Je transparenter man ist, desto besser.
| Alle Antworten des Teilnehmers

transparent, pro aktiv und auf Augenhöhe
| Alle Antworten des Teilnehmers

Offenheit, Transparenz, Meetings auch virtuell
| Alle Antworten des Teilnehmers

Abbildung 17: Empirische Untersuchung Frage 8 Quelle: Interne Umfrage Kanzlei X

Zusammenfassend sieht die Mehrheit als eine „optimale Kommunikation" folgende Punkte als unverzichtbar an: Offenheit, Transparenz, Update des Intranets, Teammeetings sowie diverse Austauschmeetings. Auch hier besteht Bedarf, den Informationsfluss immer aktuell zu halten und die Mitarbeiter noch intensiver einzubinden. Im nächsten Kapitel werden nun Lösungsansätze beschrieben, welche einerseits die vorhandene Kommunikation festigen soll und neue Kommunikationsansätze einbringt. Es wird auch auf die emotionalen Phasen eines Veränderungsprozesses eingegangen um auch hier, falls nötig, zielgerichtet Handeln zu können.

6 Implementierung von Lösungsansätzen

Nachdem die einzelnen Fragen der Umfrage analysiert wurden, können nun Maßnahmen erstellt werden. Trotz unterschiedlicher Aufgabenverteilung und Position der einzelnen Teilnehmer der Umfrage, decken sich die Aussagen überwiegend. Um hier ein erfolgreiches Change-Management zu ermöglichen und das Vertrauen der Mitarbeiter zu erhöhen, ist es jedoch ein langer Weg. Die Herausforderungen für die Managementebene sind zahlreich.[55] Um einen Change-Prozess trotz aller Widerstände erfolgreich zum Ziel zu führen, sollen im folgenden Abschnitt mögliche Erfolgsfaktoren und Handlungsempfehlungen aufgezeigt werden.

Kommunikation als Schlüsselelement

Im Rahmen des Managements von Veränderungen stellt der Faktor Kommunikation einen der entscheidenden Erfolgsfaktoren dar. Hierbei sollten alle Betroffenen so rasch wie möglich ins Boot geholt werden. Ein falscher Zeitpunkt der Kommunikation kann gravierende Folgen nach sich ziehen.[56] Um den Wandel erfolgreich realisieren zu können, wird Kommunikation auch als Beschleuniger des Change-Managements bezeichnet. Sie stellt somit eine treibende Kraft dar.[57] Sie verfolgt das Ziel, Widerstände kommunikativ zu überwinden und nachhaltigen Wandel zu ermöglichen. Effiziente und gut gesteuerte Kommunikation stellt ein wirksames Mittel dar, um Betroffene zu aktiven Beteiligten zu machen.[58] Die Bedeutung der Face-to-Face Kommunikation steigt, je komplexer und fortgeschrittener der Change-Prozess ist. Aus diesem Grund ist von entscheidender Bedeutung, in sämtlichen Phasen des Prozesses klare Informationen an die unterschiedlichen Zielgruppen zu übermitteln. Dabei gilt es stets frühzeitig, transparent und nachhaltig zu kommunizieren und damit eine offene Informationspolitik zu schaffen.[59]

---

[55] Vgl. Change Management: So gelingt der Prozess + 11 Tipps & Modelle (karrierebibel.de)

[56] Vgl. https://www.flipapp.de/blog/change-management:-die-richtige-interne-kommunikation-im-veranderungsprozess/

[57] Vgl. Deutinger Gerhild, 2013, S. 94

[58] Vgl. Stumpf Marcus, Wehmeier Stefan, 2014, S. 36

[59] Vgl. Kaune Axel, Wagner Ariane-Sissy, 2016, S. 55

Vertrauensvolle Gespräche

Mitarbeitergespräche sind komplexe Kommunikationsvorgänge und werden vielseitig eingesetzt. Bezugnehmend auf einen bevorstehenden Veränderungsprozess können diese vertrauensvolle Gespräche Barrieren reduzieren und erste emotionale Phasen ins positive Lenken. Wichtig ist, die Bedürfnisse des Gesprächspartners zu berücksichtigen und mit diesem in einen echten menschlichen Austausch zu treten. Hierfür sollte man immer die notwenige Zeit einplanen und Raum für Lob und Anerkennung zu schaffen. Anhand der **Fragetechnik** können Unterredung eröffnet oder in Gang gebracht werden. Grundsätzlich können mit Fragen für den Gegenüber echtes Interesse zum Ausdruck gebracht werden. Offene Fragen sind im Gegensatz zu geschlossenen Fragen besser geeignet, um den Gesprächspartner stärker in die Unterredung einzubinden. Hier sollte ein gutes Maß an Fragen gehalten werden, um nicht das Gefühl von Bedrängnis aufkommen zu lassen. Eine emphatische Grundhaltung rundet ein konstruktives Gespräch ab.[60] Während der gesamten Gesprächsführung ist es für die Führungskraft unentbehrlich, seinem Mitarbeiter **aktiv zuzuhören**. Dabei signalisiert er die Bereitschaft, auf den Betroffenen einzugehen und sich in seine Gefühlswelt hineinzuversetzen. In der Anwendung sollte die Führungskraft vor allem nonverbale Signale aussenden, indem sie seinem Mitarbeiter die volle Aufmerksamkeit schenkt. Positive, interessierte Blickkontakte, eine zugewandte Körperhaltung sowie eine offene Körpersprache zeigen Empfangsbereitschaft. Im Gesprächsverlauf ist es für den Vorgesetzten darüber hinaus besonders wichtig, sich im Wechselspiel neben dem aktiven Zuhören ebenso der Methode des **Paraphrasierens** zu bedienen, um einen kontrollierten Dialog entstehen zu lassen. Paraphrasieren als Methode empathischer Gesprächsführung impliziert dabei, dass der Inhalt der Botschaft des Mitarbeiters sinngemäß oder mit eigenen Worten wiedergegeben wird, um Missverständnissen vorzubeugen. Die positive Wirkung dieser Methode liegt darin, dass jegliche Wiederholungen des Vorgesetzten als ehrliches Interesse an den Ausführungen seines Mitarbeiters empfunden werden.[61]

---

[60] Vgl. Siegel, Thomas, 2018, S. 40-44

[61] Vgl. Steiger M. Thomas, Lippmann Eric, 2013, S. 250-251

Kommunikation fördern

Obwohl bislang die Unternehmenskommunikation als Erfolgsfaktor bei Mergers & Acquisitions angesehen wird, gibt es nahezu kaum empirische Untersuchungen. Die meisten Empfehlungen leiten sich daher aus allgemeinen Erfahrungen mit Veränderungsprozessen in Organisationen ab. Die wichtigsten dieser Empfehlungen beziehen sich auf den Kommunikationssender, Kommunikationszeitpunkt, Kommunikationshäufigkeit, Kommunikationsmedien und Kommunikationsinhalt. Ziel des **Kommunikationssenders** ist, die Glaubwürdigkeit der Information zu erhöhen. Je höher diese ist, desto höher ist die Beeinflussung der Motivation von Mitarbeitern. Dabei sollte das Management vor allem persönlich kommunizieren. Zum **Kommunikationszeitpunkt** ist zu sagen, dass die Mitarbeiter möglichst frühzeitig zu informieren sind. Wenn dieser Zeitpunkt verpasst wird und Mitarbeiter über die Presse oder Dritter von geplanten Aktivitäten erfährt, verliert das Management an Glaubwürdigkeit. Um Gerüchte unterbinden zu können, ist eine rechtzeitige, transparente Kommunikation unabdingbar. Häufig unterschätzt wird die notwendige **Kommunikationshäufigkeit**. Um alle Mitarbeiter ausreichend zu informieren, sollte dieselbe Information wiederholt kommuniziert werden. Hier bieten sich zahlreiche **Kommunikationsmedien**, wie Broschüren, Mitarbeiterzeitungen, Intranet, Mails, Newsletter etc. an. Hier hat der Mitarbeiter die Möglichkeit jederzeit die Informationen abzurufen und nachlesen zu können.

Der **Kommunikationsinhalt** sollte möglichst offen und ehrlich kommuniziert werden. [62] Um externe Steakholder parallel zu informieren, bieten sich Briefe an Aktionäre, Pressekonferenzen, Telefonkonferenzen, soziale Medien, Internetauftritt, sowie persönliche Briefe an. Zu beachten ist, das Interne vor externer Kommunikation zu beachten ist. Obwohl der Kommunikation mit externen Gruppen eine bedeutende Rolle zukommt, sollte unbedingt darauf geachtet werden, dass die Mitarbeiter nicht über Dritte, also z. B. die Presse, über beschlossene Maßnahmen erfahren, sondern am besten über eine direkte Kommunikation über die Veränderungen unterrichtet werden.[63]

---

62 Vgl. Nerdinger W. Friedemann, Blicke Gerhard, Schaper Niclas, 2019, S.203-204

63 Vgl. Lucks Kai, Meckl Reinhard, 2. Auflage, 2015, S. 357 -358

Kommunikationsmaßnahmen nach emotionalen Phasen

Bisher konnte gezeigt werden, dass Widerstände in allen Phasen durch Kommunikation reduzierbar sind. Es lässt sich jedoch festhalten, dass nicht alle beschriebenen Bemühungen Widerstände vollständig beseitigen, auch nicht, wenn sie proaktiv, wie in Kotters Modell, angewendet werden. Emotion und Kommunikation sind unmittelbar miteinander verbunden und beeinflussen sich wechselseitig. Jede emotionale Phase im Change beinhaltet bestimmte Hauptemotionen. Daraus kann geschlossen werden, wie die Emotion in den jeweiligen Phasen beeinflusst werden können.[64] Ein Konzept könnte wie folgt aussehen:

Hauptemotion Sorge/Angst: Aufgrund von Gerüchten machen sich Betroffene in der ersten emotionalen Phase Sorge. Hier können sich Diskrepanzen zwischen den eigenen Wünschen und der eigenen Auffassung entwickeln. Daher sollte die Information möglichst zügig und transparent für alle zugänglich gemacht werden. Als Basis der Informationsgrundlage kann eine **Maßnahme** die Organisation einer Betriebsversammlung sein. Hier hat die Geschäftsführung die Möglichkeit, unberechtigte Sorgen mit Fakten auszuräumen. Newsletters oder Mails unterstreichen diese Maßnahme. Auch Info-Runden, Info-Märkte und Chance-Runden können errichtet werden.[65]

Hauptemotion Ärger/Frustration: In dieser Phase äußert sich der Ärger gegen die Führungskräfte. Sie werden als Verantwortliche gesehen. Ärger kann häufig auch eine Folge der Angst darstellen. Hier sollten Führungskräfte den Ärger ernstnehmen und Raum schaffen, um sich Luft zu machen und darüber zu diskutieren. Auch hier können Info-Runden und Info-Märkte als **Maßnahme** gegründet werden, um Betroffene einen Raum zur Diskussion zu schaffen. Workshops, in denen gemeinsam Inhalte erarbeitet werden, dienen dazu, Betroffene zu Beteiligten zu machen. In persönlichen Gesprächen sei es bei Kaminabende oder bei einem Business Lunch, hat man die Möglichkeit eigene Auffassungen und Ziele zu platzieren.[66]

---

[64] Vgl.https://www.business-wissen.de/artikel/change-management-massnahmen-zur-kommunikation-im-change-prozess/

[65] Vgl. Kaune Axel, Wagner Ariane-Sissy, 2016, S. 43-50

[66] Vgl. Kaune Axel, Wagner Ariane-Sissy, 2016, S. 43-50

Hauptemotion Neugier/Enthusiasmus: Betroffene spüren Chancen sowie Möglichkeiten, die durch die Veränderung erstehen kann. Partizipation schafft Akzeptanz. Nun kann die Umsetzung des Neuen beginnen. Möglicherweise wird die Fähigkeit der Führungskraft positiv bewertet und schafft dadurch eine gute Beziehung. Um Neugier und Enthusiasmus zu fördern, sollten Workshops als **Maßnahme** organisiert werden und das Motivieren der Betroffenen im Vordergrund stehen. Durch Motivieren und Teilhaben aller Mitarbeiter werden Neugier und Enthusiasmus für den weiteren Verlauf des Prozesses aufrechterhalten. Auch die Schaffung von digitalen Diskussionsforen, um eigene Ideen und Gedanken platzieren zu können, eignen sich hierbei.[67]

Hauptemotion Selbstvertrauen: Neuerlerntes ist in den Arbeitsalltag integriert und die Betroffenen fühlen sich Sicherer in ihrem Handeln. Mitarbeiter blicken auf das erfolgreich umgesetzt und empfinden Stolz, dass Selbstvertrauen und Vertrauen fördern. Hier ist die Aufgabe der Führungskraft, dass sie weiterhin die Mitarbeiter motivieren und sie in der neuen Erlernten unterstützen. Als gezielte **Maßnahme** kann zum Abschluss eine Betriebsfeier, indem der bisherige Erfolg gefeiert und wertgeschätzt wird, sich motivieren auswirken. Eine Rede von der Geschäftsführung, eine Videobotschaft oder eine persönliche E-Mail runden dies ab.[68]

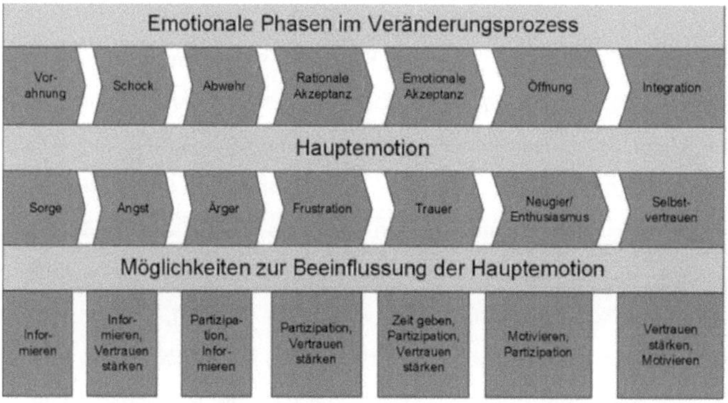

Abbildung 18: Möglichkeiten zur Beeinflussung der Hauptemotionen. (In Anlehnung an Roth 2000, S. 16 und Weiterentwicklung in Anlehnung an Lazarus 1984; nach Schwarzer-Petruck 2014, S. 60 ff.)

---

[67] Vgl. Kaune Axel, Wagner Ariane-Sissy, 2016, S. 43-50
[68] Vgl. Kaune Axel, Wagner Ariane-Sissy, 2016, S. 43-50

Evaluation der Maßnahmen – Kommunikations-Controlling

Kommunikations-Controlling hilft der internen Kommunikation dabei, ihre Aktivitäten zielgerichtet einzusetzen und zu optimieren. Verstanden als unternehmerischer Prozess, zeigt er Leistungen und Abweichungen in den Bereichen Strategie, Prozesse, Ergebnisse und Kosten auf. Diese zielorientierten Handlungen werden durch das Kommunikations-Controlling ergänzt. Kommunikations-Controlling schafft ein ganzheitliches Verständnis für die Zusammenhänge im Managementprozess von interner Kommunikation.[69] Es werden Messinstrumente jedoch auch für die Einschätzung der aktuellen Stimmung der Mitarbeiter eingesetzt. Auch wird evaluiert, ob die eingesetzten Medien die richtige Wirkung erzielten und die Botschaft richtig angekommen ist. Das Angebot an geeigneten Maßnahmen reichen von Mitarbeiterbefragung, Interviews, Fokusgruppen bis hin zu Reflektionsteams. Daher sollte das Kommunikations-Controlling zielgerichtet ausgerichtet werden. Als ein Instrument kann das EiC-Barometer, entwickelt von Wilfried Krüger, angewendet werden. Hiermit wird bestimmt wieweit betroffene Mitarbeiter in Unternehmen wandlungsfähig und wandelbereit sind. Als Basis des EiC-Barometer werden Checklisten genützt. In einer vorgefertigten Matrix werden die Ergebnisse eingetragen, um ein Gesamtbild zu erhalten.[70]

Als Basis und Grundlage werden Umfragen entwickelt, die die Trends erfassen. Eine Bewährte Befragung ist die sogenannte „Pulse Befragungen“ Diese besteht aus etwa sechs Fragen und nimmt nur wenig Zeit in Anspruch. Darin können Fragen über den Informationsfluss von der Führung zum Mitarbeiter, über das persönliche Engagement, über die eigene Integration in den Prozess oder über die Handlungsunterstützung durch die Führungskräfte formuliert sein. Die Ergebnisse helfen das Stimmungsbild einzuschätzen und zeitnah negative Entwicklungen aufzuspüren und darauf zu reagieren.[71]

---

[69] Vgl. Einwiller Sabine, Sackmann Sonja, Zerfaß Ansgar, 2021, S. 419-423

[70] Vgl. Deutinger Gerhild, 2017, S. 128-130

[71] Vgl. Deutinger Gerhild, 2017, S. 128-130

7 Kritische Betrachtung und Fazit

Ein Change-Prozess ist ein langwieriges Vorhaben mit einigen Hindernissen, die zu meistern sind. Um jedoch die Wettbewerbsfähigkeit von Unternehmen zukünftig sicherzustellen und sie an die stetig ändernden Rahmenbedingungen anzupassen, benötigt es ein effizientes Change-Management. Essenziell dafür ist die Bereitschaft der Veränderung auf allen Hierarchieebenen, welche neben der Veränderungsfähigkeit eine unabdingbare Voraussetzung für ein erfolgreiches Wandlungsvorhaben darstellt. Für diese Bereitschaft müssen Erfolge sichtbar gemacht werden. Die Mitarbeiter und Führungskräfte sollten sich bestenfalls mit der Veränderung identifizieren, um auch Unterstützung anbieten zu können. Kontinuierliche und insbesondere frühzeitige, sowie nachhaltige Kommunikation ermöglicht Transparenz und schafft damit Orientierung für alle. Ziel ist es, den Nährboden für Ängste und Widerstände zu verringern. Aus den Ergebnissen der theoriegeleitenden Arbeit, sowie aktuellen Forschungsergebnissen aus der Umfrage geht hervor, dass die interne Kommunikation in Veränderungssituationen einen positiven Einfluss auf die Akzeptanz ausübt. Es stellt sich heraus, dass Emotionen einen entscheidenden Faktor während eines Change-Prozesses sind und gerade Führungskräfte, Projektleiter und Change-Agent besondere Verantwortung besitzen, diese genügend Beachtung zu schenken. Unabhängig, ob sie aus objektiven Gesichtspunkten berechtigt erscheinen oder nicht. Dabei ist wechselseitig auf die Kommunikation und Einbindung aller Beteiligten, systematisch auf die Professionalität in der Gestaltung und auf die Beachtung des zeitlichen Aspekts zu achten. Die konstruktive Bearbeitung von Ängsten und Emotionen erfordert hohe Sensibilität. Grundsätzlich kann diese in Form von Coaching, Selbstreflexionen sowie Supervisionen erlernt und trainiert werden. Auch können vertrauensvolle Gespräche mit den Betroffenen die Möglichkeit eröffnen, Ängste und Bedürfnisse zu reduzieren. In der Projektarbeit konnten im Rahmen des vertrauensvollen Gesprächs geeignete Handlungsempfehlungen für eine richtige Gesprächsführung erarbeitet werden. Darüber hinaus lässt sich auch der Einsatz eines vertrauensvollen Gesprächs kritisch betrachten. Aufgrund der Zeitintensivität kann und sollte ein Einzelgespräch, auch aus dem betriebswirtschaftlichen Aspekt, nicht mit jedem Mitarbeiter geführt werden. Daher ist zu empfehlen, die Gespräche mit denjenigen Mitarbeitern zu führen, welche im Unternehmen eine Schlüsselposition einnehmen und auch als Antreiber des Change-Prozesses agieren sollen. Im Integrationsprozess ist darauf zu achten, alle Kommunikationstools, die dem Unternehmen zur Verfügung stehen, auszuschöpfen. Auch hier ist die Wahl der Kommunikationsmittel essenziell. In Zeiten der Digitalisierung ist hier auch die Überlegung, statt klassische Kommunikationsmedien, wie die Mitarbeiterzeitung oder das Intranet, die Mitarbeiter über digitale Kommunikationsapps einzubinden. Auch bewährt sich immer mehr Gamificationstools für die aktive Einbindung der Mitarbeiter. Gamification schafft auf spielerische Art, einen Bezug auf den bevorstehenden Change-Prozess und fördert kollaborative Aufgaben von Networking und Socializing. Durch den verstärkten Einsatz von Social Media kann die Kommunikation vertieft gefördert werden. Auf Widerstände ist die Anwendung von Social Media mit Bedacht auszuwählen. Je nach Veränderungsgrund, sollte also die passende Kommunikation ausgewählt werden. Um zielgerichtet die Kommunikationsaktivitäten einzusetzen und ggbfs. zu optimieren, hilft ein ganzheitliches Kommunikations-Controlling. Verstanden als unternehmerischer Prozess, zeigt er Leistungen und Abweichungen in den Bereichen Strategie, Prozesse, Ergebnisse und Kosten auf. Auch werden diese Messinstrumente für die Einschätzung der aktuellen Stimmung der Mitarbeiter eingesetzt. Hier ist kritisch zu beachten, dass diese Stimmungsbarometer Momentaufnahmen sind und kontinuierlich erhoben werden sollten. Somit kann frühzeitig evaluiert werden, ob die eingesetzten Medien, die richtige Wirkung erzielen und die Botschaft richtig angekommen ist. Abschließend kann zusammengefasst werden, dass durch den Einsatz von Kommunikation Widerstände in Veränderungsprozessen ganzheitlich reduziert werden können und damit der Grundstein für ein erfolgreiches Change-Management gelegt wird. Aufgrund der hohen Komplexität der Thematik konnten in der vorliegenden Projektarbeit nur die weichen Faktoren beleuchtet werden. Die erfolgreiche Umsetzung durch Kommunikation gepaart mit professionellen Change Managementmethoden, bieten eine Reihe von interessanten Ansätzen für weitere, wissenschaftliche Arbeiten.

Literaturverzeichnis

Ansgar Zerfaß, Manfred Piwinger, Ulrike Röttger, Handbuch Unternehmenskommunikation, Strategie – Management – Wertschöpfung, Springer Fachmedien Wiesbaden GmbH, ein Teil von Springer Nature 2022

Ansgar Zerfaß, Manfred Piwinger, Pfannenberg, Handbuch Unternehmenskommunikation, Strategie - Management – Wertschöpfung, Springer Fachmedien Wiesbaden 2014

Armutat, Sascha/Natalie Bartholomäus/Swetlana Franken/Volker Herzig/Bernd Helbich: Personalmanagement in Zeiten von Demografie und Digitalisierung: Herausforderungen und Bewältigungsstrategien für den Mittelstand, 1. Aufl. 2018, New York, Vereinigte Staaten: Springer Gabler, 2018.

Bernhard, Handbuch Human Resource Management, Das Individuum und seine Potentiale für die Organisation Springer Fachmedien Wiesbaden GmbH 2017

Breyer-Mayländer Thomas, Horneber Christian, Change-Strategien für die Medienbranche, Digitale Transformation und Investments als Zukunftsperspektive – Strategien, Konzepte und Umsetzung, Der/die Herausgeber bzw. der/die Autor(en), exklusiv lizenziert durch Springer Fachmedien Wiesbaden GmbH, ein Teil von Springer Nature 2022

Brugger Florian, Nachhaltigkeit in der Unternehmenskommunikation, Bedeutung, Charakteristika und Herausforderungen, Gabler Verlag | Springer Fachmedien Wiesbaden GmbH, Wiesbaden 2010

Bühler Peter, Schlaich Patrick, Sinner Dominik Visuelle Kommunikation, Wahrnehmung - Perspektive – Gestaltung, Springer-Verlag GmbH Deutschland 2017

Cacaci Arnaldo, Change-Management — Widerstände gegen Wandel, Plädoyer für ein System der Prävention, Deutscher Universitäts-Verlag, GWV Fachverlage GmbH, Wiesbaden 2006

Chies Sieglind, Springer Fachmedien Wiesbaden 2016 57, Change Management bei der Einführung neuer IT-Technologien, essentiales, Mitarbeiter ins Boot holen – mit angewandter Psychologie

Dahm H. Markus, Thode Stefan, Digitale Transformation in der Unternehmenspraxis, Mindset – Leadership – Akteure – Technologien, Springer Fachmedien Wiesbaden GmbH, ein Teil von Springer Nature 2020

DGFP e.V., (Change), Herausforderung Change Management: Mit professioneller Personalarbeit, Veränderungen zum Erfolg bringen, 1. Auflage, Bielefeld 2001

Deutinger Gerhild, Kommunikation im Change, Erfolgreich kommunizieren in Veränderungsprozessen, Springer-Verlag GmbH Deutschland 2017

Deutinger Gerhild, Kommunikation im Change, Erfolgreich kommunizieren in Veränderungsprozessen, Springer-Verlag Berlin Heidelberg 2013

Eichenberg Timm, Bursy Roland Hrsg, Management von internationalen HR Shared Service Centern, Implementierungsempfehlungen und Best Practice, Springer Fachmedien Wiesbaden 2017

Einwiller Sabine, Sackmann Sonja, Zerfaß Ansgar, Handbuch Mitarbeiterkommunikation, Interne Kommunikation in Unternehmen, Springer Fachmedien Wiesbaden GmbH, ein Teil von Springer Nature 2021

Gonschorrek, U., Hoffmeister, W., (Management), Ganzheitliches Management - Strukturierungs- und Informationsprozesse, Berlin Wissenschaftsverlag, BWV 2006

Hebertshuber Wolfgang, Erwartungen von Mitarbeitenden an die Kommunikation von Führungskräften in Krisenzeiten, Eine Analyse während der COVID-19 Krisenzeit, Der/die Herausgeber bzw. der/die Autor(en), exklusiv lizenziert durch Springer Fachmedien Wiesbaden GmbH, ein Teil von Springer Nature 2021

Jendretzki L., 2020, S. 278 Widerständen sinnvoll begegnen. In: Oldhafer M., Nolte F., Spiegel AL., Schrabback U. (eds) Arbeitsbuch zu Change Management in Gesundheitsunternehmen. Springer Gabler, Wiesbaden. https://doi-org.gw.akad-d.de/10.1007/978-3-658-26976-0_14

Kaiser Markus, Change Management im Public Sector, Kulturwandel, Kommunikation und Change Leadership in Kommunen und Behörden, Der/die Herausgeber bzw. der/die Autor(en), exklusiv lizenziert durch Springer Fachmedien Wiesbaden GmbH, ein Teil von Springer Nature 2021

Kaune Axel, Wagner Ariane-Sissy, Change Communication, Die Rede als Instrument im Kontext von Theorie, Empirie und Praxis, Springer Fachmedien Wiesbaden 2016

Lauer, Thomas, Quick Guide Change Management für alle Fälle, Was uns Case Studies lehren, Der/die Herausgeber bzw. der/die Autor(en), exklusiv lizenziert durch Springer-Verlag GmbH, DE, ein Teil von Springer Nature 2021

Lauer Thomas. (2014) Erfolgsfaktor Kommunikation – Widerstände vermeiden und überwinden. In: Change Management. Springer Gabler, Berlin, Heidelberg. https://doi-org.gw.akad-d.de/10.1007/978-3-662-43737-7_8

Lucks Kai, Meckl Reinhard, Internationale Mergers & Acquisition, Springer-Verlag Berlin Heidelberg 2015, 2. Auflage

Lubienetzki Ulf, Schüler-Lubienetzk Heidrun Was wir uns wie sagen und zeigen, Psychologie der menschlichen Kommunikation, Springer-Verlag GmbH Deutschland, ein Teil von Springer Nature 2020

Meiler Mira Maria, Emotionales Change Management, Wie Führungskräfte ihre persönliche und fachliche Veränderungskompetenz stärken, Der/die Herausgeber bzw. der/die Autor(en), exklusiv lizenziert durch Springer-Verlag GmbH, DE, ein Teil von Springer Nature 2020

Merten Klaus, Wienand Edith, Westerbarkey Joachim, Scholl Armin Kommunikation über Kommunikation, Theorien, Methoden und Praxis Festschrift für VS Verlag für Sozialwissenschaften | Springer Fachmedien Wiesbaden GmbH, Wiesbaden 2005

Mörbe Steffen, Volejnik Ulrike, Schoop Simon Erfolgsfaktor Change Communications, Klassische Fehler im Change-Management vermeiden, Gabler Verlag | Springer Fachmedien Wiesbaden GmbH, Wiesbaden 2011

Nerdinger Friedemann W., Blickle Gehard, Niclas Schaper, Arbeits- und Organisationspsychologie, Springer-Verlag GmbH Deutschland, ein Teil von Springer Nature 2019

Nimmerfroh Maria-Christina, Reinhard Christina Effiziente Kommunikation, Theorie und Praxis am Beispiel "Die 12 Geschworenen", Marc Ant, Springer Fachmedien Wiesbaden2014

Pescher Julia, Change Management, Taxonomie und Erfolgsauswirkungen, Gabler Verlag | GWV Fachverlage GmbH, Wiesbaden 2010

Röhner Jessica, Schütz Astrid Psychologie der Kommunikation, Basiswissen Psychologie, Springer Fachmedien Wiesbaden 2016

Röhner Jessica, Schütz Astrid Psychologie der Kommunikation, Springer-Verlag GmbH Deutschland, ein Teil von Springer Nature 2020

Seiferlein Werner. Change-Management & Co, Einsatz von relevanten Prozessen und Methoden, Der/die Herausgeber bzw. der/die Autor(en), exklusiv lizenziert durch Springer Fachmedien Wiesbaden GmbH, ein Teil von Springer Nature 2022

Siegel, Thomas, Mitarbeitergespräche in Steuerkanzleien, Erfolgreich kommunizieren und motivieren, Springer Fachmedien Wiesbaden GmbH, ein Teil von Springer Nature 2018

Steiger M. Thomas, Lippmann Eric, Handbuch Angewandte Psychologie für Führungskräfte, Führungskompetenz und Führungswissen, Springer-Verlag Berlin Heidelberg 2013

Stumpf Marcus, Wehmeier Stefan Kommunikation in Change und Risk, Wirtschaftskommunikation unter Bedingungen von Wandel und Unsicherheiten, Springer Fachmedien Wiesbaden2014

Stolzenberg Kerstin, Heberle Krischan, Change Management, Veränderungsprozesse erfolgreich gestalten - Mitarbeiter mobilisieren. Vision, Kommunikation, Beteiligung, Qualifizierung, Springer-Verlag GmbH Deutschland, ein Teil von Springer Nature 2021

Schulz von Thun, Friedemann (2011): Miteinander reden 1: Störungen und Klärungen. Allgemeine Psychologie der Kommunikation, 49. Auflage, Reinbek bei Hamburg, S. 27 ff

Vahs Dietmar, Weiand Achim, Workbook Change Management, Methoden und Techniken, 3. Auflage 2020. Buch. Schäffer-Poeschel Verlag, 22. Juni 2020 – gebunden

Von Hehn Svea, Cornelissen I. Nils, Braun, Claudia, Kulturwandel in Organisationen, Ein Baukasten für angewandte Psychologie im Change-Management, Springer-Verlag Berlin Heidelberg 2016

Wehling Pamela, Kommunikation in Organisationen, Das Gerücht im organisationalen Wandlungsprozess, VS Verlag für Sozialwissenschaften | Springer Fachmedien Wiesbaden GmbH, Wiesbaden 2007

Zink Klaus J., Kötter Wolfgang, Longmuß Jörg, Thul J. Martin, Veränderungsprozesse erfolgreich gestalten, Springer-Verlag Berlin Heidelberg 2015

Internetquellen

Studie: Change Management - Porsche Consulting (porsche-consulting.com), (abgerufen am 21.03.2022)

Wiederstände im Changemanagement (veraenderungsmanager.com), (abgerufen am 11.04.2022)

Die sieben Phasen der individuellen Veränderung - CHANGE LEADERSHIP (change-leadership.org), (abgerufen am 01.03.2022)

Change Management: So gelingt der Prozess + 11 Tipps & Modelle (karrierebibel.de) (abgerufen am 10.02.2022)

Interne Kommunikation: https://www.flipapp.de/blog/change-management:-die-richtige-interne-kommunikation-im-veranderungsprozess/ (abgerufen am 18.02.2022)

HR-Trends: Ein kompletter Leitfaden für HR-Gamification mit Beispielen, Gamification im HR: Alles, was Sie wissen müssen (hrforecast.com) (abgerufen am 14.01.2022)

Veränderungsformel; Coachen mit der Veränderungsformel - Entwicklungsfreiraum, (abgerufen am 20.047.2022)

Maßnahmen Kommunikation: https://www.business-wissen.de/artikel/change-management-massnahmen-zur-kommunikation-im-change-prozess/ (abgerufen am 24.05.2022)

Auswertung Umfrage

Startdatum:	**11.03.2022**	ø Teilnahmezeit:	**00:02:42**	Sprache(n):	**Deutsch**
Enddatum:	**-**	Kürzeste Zeit:	**00:00:32**		
Anzahl Fragen:	**9**	Längste Zeit:	**00:24:03**		

	Einladungen	Besucher	Teilnehmer	Abgeschlossen	Abgebrochen
Umfragelink direkt		57	42 73,68%	41 97,62%	1 2,38%
	0	**57**	**42** 73,68%	**41** 97,62%	**1** 2,38%

Besucher

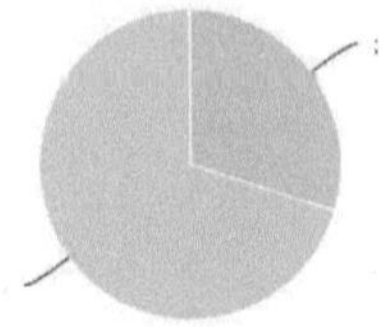

	Desktop	Tablet	Smartphone	Sonstige
Besucher	**17** 100,00%	**0** 0,00%	**40** 100,00%	**0** 0,00%
Teilnehmer	**4** 23,53%	**0** 0,00%	**38** 95,00%	**0** 0,00%
Abgeschlossen	**4** 100,00%	**0** 0,00%	**37** 97,37%	**0** 0,00%
Abgebrochen	**0** 0,00%	**0** 0,00%	**1** 2,63%	**0** 0,00%
ø Teilnahmezeit	**00:04:58**	**00:00:00**	**01:16:45**	**00:00:00**

Zeitlicher Teilnahmeverlauf

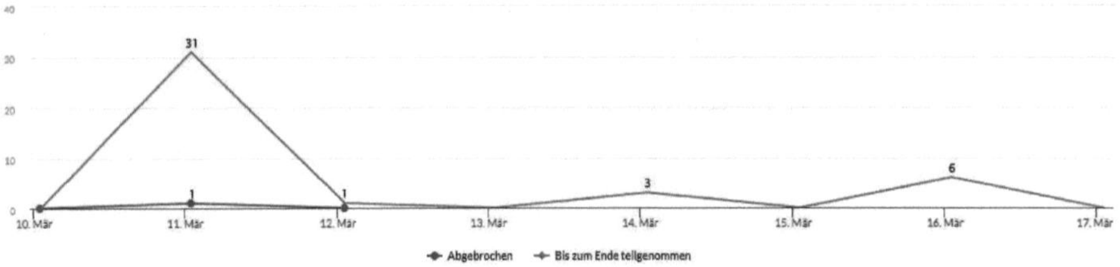

Teilnehmer ID	Abgeschlossen	1. Frage	2. Frage	3. Frage	4. Frage	5. Frage:	6. Frage	7. Frage	8. Frage	9. Frage
141756632	ja	HR	Ja	Teils - Teils	Ja	teils - teils	teils - teils	Ja	Ja	
141756675	ja	HR	Ja	Ja	teils - teils	Nein	teils - teils	Ja	Ja	Kommunikation sowohl über positive als auch negative Ereignisse Strategien feststehen respektvoller Austausch
141756738	ja	HR	Ja	Ja	Ja	teils - teils	teils - teils	Ja	teils - teils	offen, ehrlich
141756753	ja	HR	Nein	Ja	Ja	teils - teils	Ja	Ja	Nein	regelmäßgige Treffen, bei denen alle wichtigen Themen immer angesprochen werden. E-Mmails - regelmäßig
141756800	ja	Wirtschaftsprüfer	Ja	Teils - Teils	Ja	teils - teils	teils - teils	Ja	Ja	festen Punktplan mit terminiertem Informationsmeeting.
141756843	ja	Corporate Finance	Ja	Ja	teils - teils	Ja	teils - teils	Ja	Ja	
141757059	ja	Wirtschaftsprüfer	Nein	Ja	Ja	Ja	Ja	Ja	Nein	
141757151	ja	Wirtschaftsprüfer	Nein	Ja	Ja	Ja	Ja	Ja	teils - teils	
141757562	ja	HR	Ja	Teils - Teils	teils - teils	teils - teils	Ja	Ja	teils - teils	Wichtig ist: die interne Kommunikation muss nicht immer verbaler Natur sein. Statt dauerhaft auf klassische Gespräche zu setzen, sind der Kreativität auch non-verbal keine Grenzen gesetzt. Wenn sich beispielsweise jeder im Team mit positiver Haltung und gegenseitiger Wertschätzung begegnet, kann das bereits für ein viel angenehmeres Klima sorgen. Beispiele internen Blog, den alle Team-Mitglieder gemeinsam mit Content füllen. Team-Building-Events wie beliebte Escape Games oder ein Weihnachtsmarktbesuch? Oder versucht man es vielleicht mal mit einem gemeinsamen Podcast? Wie auch immer die interne Kommunikation letztendlich umgesetzt wird Hauptsache, sie schafft ein starkes Wir Gefühl
141757608	ja	Wirtschaftsprüfer	Ja	Teils - Teils	teils - teils	teils - teils	teils - teils	Ja	Ja	transparent, pro aktiv und auf AugenhÃ¶he
141757625	ja	HR	Nein	Teils - Teils	Ja	teils - teils	teils - teils	Ja	Ja	Transparent, ehrlich und nachvollziehbar
141758358	ja	Corporate Finance	Nein	Teils - Teils	Ja	Ja	Ja	Ja	teils - teils	
141759163	ja	Verwaltung	Ja	Ja	teils - teils	teils - teils	teils - teils	teils - teils	Ja	

Teilnehmer ID	Abgeschlossen	1. Frage	2. Frage	3. Frage	4. Frage	5. Frage:	6. Frage	7. Frage	8. Frage	9. Frage
141759544	ja	Steuerberatung	Nein	Ja	Ja	Ja	teils - teils	Ja	teils - teils	Offen, transparent
141760364	ja	Wirtschaftsprüfer	Nein	Ja	Ja	Ja	Ja	Ja	teils - teils	
141760401	ja	Verwaltung	Nein	Ja	Ja	Ja	Ja	Ja	Ja	
141761561	ja	Steuerberatung	Ja	Ja	teils - teils	teils - teils	teils - teils	Ja	Ja	
141764695	ja		Nein	Teils - Teils	ö	teils - teils	teils - teils	Ja	Ja	
141764880	ja	Wirtschaftsprüfer	Nein	Ja	teils - teils	Ja	Ja	Ja	teils - teils	Offenheit, Transparent
141765130	ja	Verwaltung	Nein	Teils - Teils	Ja	Ja	teils - teils	Ja	teils - teils	Mehr Infoveranstaltungen, Meetings und mehr Kommunikation
141765171	ja	Steuerberatung	Nein	Teils - Teils	Ja	Ja	teils - teils	Ja	Nein	
141767088	ja	Corporate Finance	Nein	Ja	Ja	teils - teils	teils - teils	Ja	teils - teils	Wöchentliche Meetings um die wichtigsten Dinge zu besprechen
141769500	ja	Corporate Finance	Nein	Ja	Ja	Ja	teils - teils	Ja	teils - teils	Offen mit allen gleich viel kumunizeiren. Alle Mitarbeiter gleich behalten so das alle mitarbeiter auf dem gleichen Wissensstand sind und ein prima Ergebnisse raus kommt
141769695	ja	Corporate Finance	Nein	Teils - Teils	teils - teils	teils - teils	Ja	teils - teils	teils - teils	
141769787	ja	Wirtschaftsprüfer	Nein	Teils - Teils	Ja	Ja	teils - teils	Ja	teils - teils	Offene, einfache und ehrliche worte
141770349	ja	Wirtschaftsprüfer	Ja	Teils - Teils	Ja	teils - teils	Ja	teils - teils	Nein	Intranet
141770875	ja	Corporate Finance	Ja	Ja	teils - teils	teils - teils	teils - teils	Nein	Ja	Mit offenen Karten spielen.
141770907	ja	Corporate Finance	Ja	Teils - Teils	teils - teils	teils - teils	teils - teils	Nein	Ja	Vermehrte Gemeinsame Teammeetings mit offener Kommunikation und auch Diskussion.
141772842	ja	Corporate Finance	Nein	Ja	Ja	Ja	teils - teils	Ja	Ja	Regelmäßige Gespräche mit allen Kollegen und den Chefs.
141775086	ja	Rechtsberatung	Ja	Ja	Nein	Nein	teils - teils	teils - teils	Ja	Je transparenter man ist, desto besser.
141784503	ja	Corporate Finance	Ja	Teils - Teils	Ja	teils - teils	teils - teils	Nein	teils - teils	Zusammen setzen und reden
141873978	ja	Verwaltung	Nein	Teils - Teils	Ja	Ja	Ja	teils - teils	teils - teils	
141875927	ja	Verwaltung	Nein	Teils - Teils	Ja	teils - teils	teils - teils	Ja	teils - teils	
141876821	ja	Verwaltung	Nein	Teils - Teils	Ja	Ja	teils - teils	teils - teils	teils - teils	intranet, Betriebsversammlung
142018009	ja	Rechtsberatung	Nein	Ja	Ja	teils - teils	teils - teils	Ja	Ja	Offenheit, Transparenz, Meetings auch virtuell
142018111	ja	Verwaltung	Nein	Teils - Teils	Ja	Ja	teils - teils	Ja	Nein	
142018173	ja	Steuerberatung	Nein	Ja	Ja	Ja	Nein	Ja	teils - teils	
142018221	ja	Verwaltung	Nein	Ja	teils - teils	Ja	Nein	Ja	Ja	
142018279	ja	Wirtschaftsprüfer	Nein	Teils - Teils	Ja	teils - teils	teils - teils	Ja	teils - teils	
142018327	ja	Verwaltung	Nein	Teils - Teils	Ja	Ja	teils - teils	Ja	teils - teils	